U0540971

视力革命

[日] 今野清志——著 刘琳——译

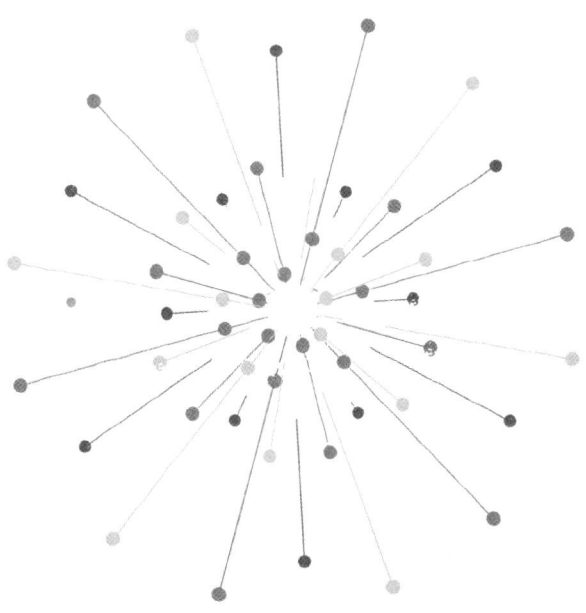

湖南文艺出版社
HUNAN LITERATURE AND ART PUBLISHING HOUSE
博集天卷
CS-BOOKY

·长沙·

Original Japanese title: ME WA IPPUN DE YOKUNARU! (SHINSOBAN)
Copyright © Seishi Konno 2022
Original Japanese edition published by Jiyu Kokuminsha Co., Ltd.
Simplified Chinese translation rights arranged with Jiyu Kokuminsha Co., Ltd.
through The English Agency (Japan) Ltd. and CA-LINK International LLC

©中南博集天卷文化传媒有限公司。本书版权受法律保护。未经权利人许可，任何人不得以任何方式使用本书包括正文、插图、封面、版式等任何部分内容，违者将受到法律制裁。

著作权合同登记号：字 18-2024-280

图书在版编目（CIP）数据

视力革命 /（日）今野清志著；刘琳译. -- 长沙：湖南文艺出版社，2025.5. --ISBN 978-7-5726-2266-3

Ⅰ.R77-49

中国国家版本馆 CIP 数据核字第 2025GQ1784 号

上架建议：生活·健康

SHILI GEMING
视力革命

著　　者：	［日］今野清志
译　　者：	刘　琳
出版人：	陈新文
责任编辑：	夏必玄
出品方：	好读文化
出品人：	姚常伟
监　　制：	毛闽峰
策划编辑：	程　斌　李　诺
特约策划：	张若琳
营销编辑：	刘　珣　大　焦
封面设计：	郑立珲
版式设计：	鸣阅空间
出　　版：	湖南文艺出版社
	（长沙市雨花区东二环一段 508 号　邮编：410014）
网　　址：	www.hnwy.net
印　　刷：	北京美图印务有限公司
经　　销：	新华书店
开　　本：	880 mm×1230 mm　1/32
字　　数：	90 千字
印　　张：	5
版　　次：	2025 年 5 月第 1 版
印　　次：	2025 年 5 月第 1 次印刷
书　　号：	ISBN 978-7-5726-2266-3
定　　价：	45.00 元

若有质量问题，请致电质量监督电话：010-59096394
团购电话：010-59320018

出版说明

　　本书作者今野清志是日本眼科医生，曾多次前往中国学习中医，并结合西医开创出一套视力恢复训练法。这套方法简单易懂，操作方便，很适合用于日常维护眼部健康。但对读者而言，无论是希望保护自身的视力健康，还是想获取更多视力保护知识，都不应完全依赖于某一本书；也不要过分解读书中提到的"人体的自然治愈力"而忽视或主观上拒绝正常的医疗行为。若有严重的眼部问题，仍需结合自身情况及时就医。

译者序

亲爱的读者朋友，在如今这个信息化和快节奏的时代，很高兴能够通过文字与您相遇。当我第一次接触《视力革命》这本书时，就被它独特的理念和简便易行的方法深深吸引。作为一名高校日语教师，我不仅致力于在课堂上传授日汉翻译的知识和技巧，更渴望将日本优秀文化与知识介绍给广大中国读者。这本书正是我希望与大家分享的宝贵资源。

本书的作者今野清志先生，巧妙地将中医与西方医学相融合，开创了一套独特的视力恢复训练法。这些方法不仅科学有效，而且操作简单，几乎每个人都能轻松地将其融入日常生活。在现代社会，视力问题已经成为普遍困扰，而《视力革命》为大家提供了一条自我预防和治疗的有效途径。

每一次翻译工作，对我而言都是一次全新的学习和成长之旅。翻译不仅仅是语言的转换，更是文化的传递和情感的共鸣。在翻译本书的过程中，我深感责任重大，因此在翻译时格外注重每一个细节，力求让书中介绍的每一个步骤和方法都能清晰准确地呈现在读者面前，确保大家能够正确理解和应用。我曾翻译过多本关于健康生活方式的图书，但这本书给我的感触尤为深刻。作为一名教师，我深知长时间面对屏幕对视力的损害；作为一名译者，我希望通过我的翻译工作，让更多人了解到这些有效的训练方法，帮助更多人保护和恢复视力健康。

本书内容丰富，从理论到实践，从传统到创新，今野清志先生为我们提供了一整套视力恢复训练方法。这些方法简单易学，适合所有年龄段的人群，无论是近视、远视、"老花眼"还是其他视力问题，都能从中找到适合自己的解决方案。在翻译这本书的过程中，我深刻体会到了作者对视力健康的重视和对传统医学的尊重。希望通过这本书，读者朋友能够学会"今野式视力恢复训练法"，改善自己的视力状况，提升生活质量。

最后，我要特别感谢这本书的策划方好读文化的支持与信任，让我有机会将这部优秀的作品介绍给广大读者。同时，我想对每一位拿起这本书的读者朋友说：希望这本书能够成为您视力保健的得力助手，让您的眼睛更加明亮，让您的世界更加绚丽多彩。

感谢您的阅读，祝您健康快乐！

2024 年 6 月于杭州

前言

本书将为各位读者朋友介绍"今野式视力恢复训练法",它基于中医,并融合了西医的精髓,是任何人都能轻松、自然做到的训练方法。

随着 IT 技术的不断发展,我们的生活变得更加便捷。然而,我们同时也进入了一个由于眼睛超负荷工作而导致视力受损的时代。

不仅眼睛如此,人类作为动物生存本应利用的,同时又是人类生存所必需的五感,也几乎都被逐渐削弱,开始变得迟钝,甚至逐渐消失。

为了阻止上述现象进一步发展,我摸索出了一套改善视力的方法,即借助人类的一些基本动作来帮助我们恢复视力,具体有跳跃、抓挠、按摩、拍打、按压、吸气、呼气等,这些都是我们在孩童时期就已经掌握的自然动作。

实际上，这种视力恢复方法源于对一位患者所实施的治疗，具体细节我将在正文中进行介绍。这位患者的视力低于0.01，几乎什么都看不清。尽管他跑遍了各地的医院，却都未能获得满意的治疗效果。最终医生也好，他本人也罢，都对他的视力恢复感到束手无策。

然而在我的诊所接受治疗后的某一天，这位患者突然激动地大喊："啊，时钟！"

他指着离他大约5米远的墙上挂着的时钟，显得异常兴奋。在此之前他完全看不见那块时钟。

我有些怀疑，于是反复询问他："啊，真的吗？你真的能看见它吗？"他肯定地回答："确实能看见。"

仅仅通过一次治疗，他就能看见那块时钟了。

那一刻，我深切地感受到了人类自然治愈力的神奇。

此后的数十年中，我都以这次治疗的经验为基础，不断钻研恢复视力的训练方法。

在此，我将通过本书向各位读者介绍视力恢复的训练

方法，希望能为那些已经放弃视力恢复的人提供真正的帮助，也希望能有更多的人对视力恢复重拾信心，并体验到人类自然治愈力的奇妙。

当视力下降时，我们通常可以通过佩戴框架眼镜、隐形眼镜或接受手术等方式来避免视力障碍对日常生活所造成的负面影响。

但飞行员和客舱乘务员等从事特定职业的人却不能采用这些方式，他们必须达到或恢复裸眼视力的标准水平。

某天，一位22岁的女性（化名为优子）来到我的诊所。她身材高挑，正在参加客舱乘务员的选拔考试。她已经顺利通过了笔试和面试环节，唯独视力检测未能达标。

飞行员和客舱乘务员等职业对裸眼视力有严格的要求，通常不得低于1.0。这些职业的候选人在接受视力检测时不能佩戴框架眼镜或隐形眼镜，必须是裸眼状态。这一规定是出于对乘客安全的考虑，因此要求他们必须能够在裸眼状态下准确地看清客舱后部的情况。

20多年前，PK法、RK法、PRK法等一系列类似于激光手术的视力矫正法曾在世界各地流行一时，但接受过这类手术的数百万患者在 10 年或 20 年后突然出现了视力下降的情况，这一度成为社会问题。

由此可知，航空公司坚持要求飞行员和客舱乘务员的裸眼视力达到规定的水平，也是对飞行安全的高度负责。

而优子小姐的左眼和右眼的视力均为 0.05。

事实上，当视力低于 0.1 时，视神经就会变得细小，传递给大脑的视神经功能也会相应减弱。当具有查看事物功能的视网膜上的视觉细胞严重退化时，视力恢复就会变得极其困难。

距离优子小姐的视力检查只有一周的时间了。通常情况下，一周内将视力水平提高一倍是不可能的。可此时，视力水平的改善已然成为可能会改变她人生走向的重要问题。

由于优子小姐住在爱知县，而我的诊所位于东京，因此她无法每天来诊所接受治疗。

所以我只能要求她在这一周内竭尽全力尝试几种帮助视力恢复的训练方法：抖动法、拍打法、按摩法、呼吸法、指压法、冥想法。我建议她每天都进行这些训练。

通常抖动法或拍打法可以促进眼部的血液循环，通过这两种训练方法就能显著改善视力。但由于时间紧迫，就必须加入其他医疗机构还未曾用过的冥想法。

我们的大脑可以记住曾经看过的东西，而冥想可以帮助我们唤醒这些视觉记忆。具体来说，通过冥想引导大脑想象视力正常时能看到的景色或情景，以此来唤醒我们的视觉记忆。这样大脑就会帮助放松眼部肌肉，使我们能够看清眼前的事物。

我嘱咐优子小姐："我已经把你自己一个人就可以做到的练习都教给你了，一定要坚持做好啊！"她依照我指导的方法，每天按摩眼部肌肉，并且尝试了冥想法。经过一周的努力，她的视力居然有了大幅的提升，并且顺利地通过了考试。

读完本书后，任何人都可以轻松地通过书中介绍的"今野式视力恢复训练法"来改善视力。坚持下去获得满意的效果后，您就一定会认可这些训练法。建议您一定要让这些训练法成为一种日常生活习惯，并坚持下去。

每个人都渴望健康长寿，并且都希望永远保持良好的视力。为了实现这个愿望，今天就开始实践"今野式视力恢复训练法"吧！

目录

第1章　全球视力最差的日本人

- 003　日本人的视力全球最差
- 005　近视并不会遗传
- 008　20～30岁的年轻人中，青光眼患者数量在不断增加
- 011　干眼症是非常可怕的疾病
- 014　"老花眼"并不存在
- 016　受到飞蚊症困扰的白领们
- 018　近视、"老花眼"、白内障的病理
- 021　"原因不明"或"老化"是眼科医生的老生常谈
- 023　做激光手术之前应该先改善眼部的血液循环
- 025　眼睛是仅次于心脏的"劳动模范"
- 027　最重要的器官——眼睛却被粗心大意地对待

第 2 章　缺氧会导致视力下降

- 031　缺氧是导致视力下降的最主要原因
- 034　血液循环不畅会引发各种疾病
- 035　充足的氧气有助于提高注意力
- 037　"今野式视力恢复训练法"创立的契机
- 043　不仅眼睛，大脑也在"看"
- 045　压力大也会导致视力下降
- 048　请相信人体的自然治愈力
- 051　切忌过度用药
- 054　在美国，眼病治疗与视力恢复由不同的医生负责
- 057　眼科医生前来请教
- 059　视力恢复讲座上的轰动效果

第 3 章　7 种视力恢复训练法，1 分钟改善视力

- 067　今野式视力恢复训练法
- 069　训练法①——拍打法（打压法）
- 075　训练法②——抖动法
- 077　训练法③——按摩法

- 080　训练法④——指压法
- 084　训练法⑤——呼吸法
- 087　训练法⑥——确认法
- 090　训练法⑦——冥想法（脑疗法）

第4章　深呼吸和跳跃运动有助于改善视力

- 095　能改善视力且无副作用的"今野式视力恢复训练法"
- 098　深呼吸和跳跃运动都有助于改善视力
- 101　肝脏会影响眼睛的健康
- 103　零成本锻炼呼吸能力——"饮料瓶呼吸法"
- 106　跳跃运动有助于改善视力
- 108　想要提高自主神经的功能，就要让内脏出汗
- 111　良好的姿势有助于改善视力
- 113　按摩腹部有助于改善视力
- 115　可以锻炼眼肌的"眼部俯卧撑"
- 117　只在必要时才戴隐形眼镜
- 119　爱上胡萝卜
- 121　深度睡眠有助于改善视力
- 123　调整生活习惯的方法

第 5 章　视力改善，人生随之愈加美好

- 127　视力改善有助于大脑发育
- 129　视力改善有助于提高运动能力
- 131　挑战飞行员考试的患者
- 133　视力恢复训练的美容效果
- 135　视力改善有助于身体健康

后　记

- 139　请珍惜陪伴我们一生的眼睛

第1章

全球视力最差的
日本人

日本人的视力全球最差

日本是世界上屈指可数的"近视大国"。

统计数据显示,40 岁以上的日本人,近视率高达 42%,这一比例明显高于美国人(22%)、中国人(22%)以及 49 岁以上的澳大利亚人(14%)近视率的平均值(资料来源:大野京子,《眼的科学——视觉的奇迹》,文光堂,2011)。

近年来,视力低于 0.1 的高度近视患者数量不断上升,且视力下降的现象也越来越趋于年轻化。

在日本,随着近视人群的增多,患有其他眼病的人数也在急剧增加。据说,超过 4000 万日本人正在因眼病而苦恼,这个数字甚至超过了加拿大的总人口数。加拿大国土面积位居世界第二，其人口数量大约为3400万[1]。

由此可见，日本人的视力问题有多么严重。

尽管如此，很多人仍然认为，"近视是不可避免的""年纪大了，眼花是自然现象"。并且，他们只是通过佩戴框架眼镜或隐形眼镜的方式来应对视力下降的问题。

1　加拿大人口在2023年6月1日已超过4000万（数据来源CEIC Data）。——译者注

近视并不会遗传

很多人认为自己近视是因为遗传——"父母都近视、戴眼镜，所以我也近视""父母和兄弟姐妹都近视，我的视力自然也很差"。

然而，我要明确地告诉大家，近视并不会遗传。

当然，某些特殊情况下近视可能与遗传因素有关。然而非常遗憾的是，尽管通常近视并不具有遗传性，一些专家却错误地宣称"近视是因为遗传，无法改变，只能被动接受"，导致很多人错过了恢复视力的机会。

而近代以来的各项研究早已证实，近视并不是由遗传直接导致的。

美国华盛顿大学的弗朗西斯·A.扬教授以因纽特人为研究对象，对该族群的三代人进行了相关调查。结果显示，尽管祖父母和父母的视力都没有问题，但是第三代人在入学后，随着读书时间的增加，就会有超过半数的孩子近视，其比率约为58%。

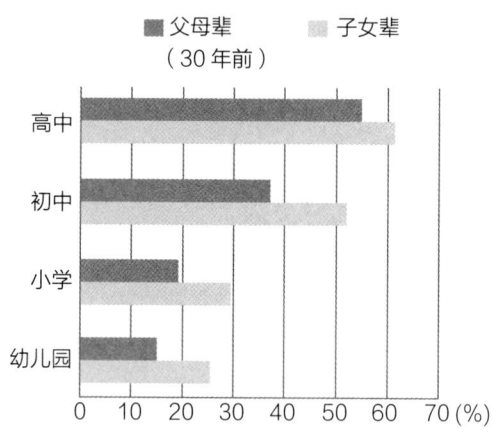

裸眼视力低于 1.0 的比例

（数据来源：2011年学校保健统计调查"确定值"）

另外，根据日本文部省（现文部科学省）在《教育白皮书》中发布的"儿童近视率变化"数据，昭和二十四年（1949年），视力低于1.0的小学生近视率为6%。然而，到了平成十八年（2006年），这一比率急剧上升至28%，在不到 60 年的时间内增长了近 5 倍。如果近视真的是遗传因素导致的，那么近视儿童的比率应该是不会有太大变化的。但基于 60 年间近视率增加了 5 倍这一事实，还是可以看出环境变化才是导致近视率上升的重要因素。

20～30岁的年轻人中，
青光眼患者数量在不断增加

除近视之外，其他眼病的患者也在持续增加。

通常人们认为青光眼是老年人的专属疾病。但近年来，20多岁的年轻人中青光眼的发病率也在急剧上升。如果不进行适当治疗，青光眼可能会导致失明。事实上，青光眼正是导致日本人失明的首要原因。

对于青光眼的病因，通常认为是"眼压增高压迫视神经，从而导致视野缺损"。在眼科接受眼压检查时，如果眼压高于正常值（10～21毫米汞柱[1]），就会被诊断为青光眼。

---

1 压力、压强的非法定计量单位。

然而，最近出现了一种被称为"正常眼压青光眼"的疾病，虽然眼压在正常值范围内，但由于血液循环障碍导致视神经受损，进而又导致视力下降。这种情况约占所有青光眼病例的70%。因此，除了检查眼压外，还要进行眼底检查，拍摄视神经束，查看其形态是否发生了变化，以便做出准确诊断。

然而，这里还存在一个问题，即视神经纤维的数量多达200万根，除非其数量减少到80万根左右，否则很难通过眼底检查来判断其数量是否减少。

大多数情况下，由于没有疼痛感，很多患者很难早早警觉，直到情况严重才匆匆求医。对于眼压较高的青光眼患者，主要的治疗方法是使用可降低眼压的滴眼药，并观察病情的变化。很多患者虽然长年使用滴眼药，却无法阻止病情恶化，直到视力严重受损，甚至接近失明时，才匆忙来到诊所寻求帮助。

无论近视还是青光眼，大多数患者都是在几乎看不见时才去就医，并且很多患者和医护人员也从不关注真正的病因，我认为这才是最令人担忧的问题。

对于疾病，人们往往都会探究发病原因，并针对病因进行治疗。比如，如果是因为过度摄入油腻的食物而导致肥胖，就要改变饮食习惯；而如果是因为缺乏运动而导致内脏脂肪增加，就要多散步，增加运动量。总之，要基于相应的原因来解决问题。一旦身体出现异常，背后必然存在相应的原因。

可是，为什么在关乎眼睛健康时，人们却总是认为"这是无法避免的"，采取的对策也仅仅是佩戴框架眼镜或滴眼药水呢？

干眼症是非常可怕的疾病

近年来,因干眼症而倍感苦恼的患者数量在不断增加。

根据统计,日本全国有近1000万干眼症患者。很多人都简单地认为,如果眼睛干涩,难以分泌出眼泪,只要使用滴眼药就能解决问题。但实际上,干眼症是一种非常可怕的疾病,它不仅会导致视力下降,还可能是身体处于危险状态的信号。因此,不应该将干眼症等同于皮肤干燥等症状。

眼泪不仅能防止眼睛干涩,还具有杀菌、清洁作用,并为角膜等眼部组织提供氧气和营养。尽管眼泪看起来无色透明,但其成分与血液类似,含有钠、钾、维生素A、维生素C和葡萄糖等多种营养成分,以及具有抗菌作用和免疫成分的乳铁蛋白、免疫球蛋白 A、细胞成长因子 EGF 等。

原本人类的生命就诞生于海洋。可以说，孕育了我们的海洋的成分本质上与眼泪无异。具有 6 亿年历史的眼泪慢慢开始干涸，象征着人体功能也在衰退，这是一个严重的问题。干眼症的病情如果恶化，会给患者造成极大的痛苦。患者无论睁眼还是闭眼，都会感到疼痛，同时还有可能伴随肩颈痛和头痛等并发症。此外，频繁滴眼药水还会给患者造成精神上的压力，甚至使患者因此而无法专心工作。

我曾经接诊过一位患者，他的妻子因为担心他的病情，就急忙带他来治疗。他们往返于九州和东京之间，非常辛苦，于是我教了他一些在家也能进行的治疗方法。几个月后，他的妻子高兴地联系我："他的眼睛可以分泌出眼泪了，并且又回到了工作岗位上。"

干眼症并非最近才出现的疾病，只是过去没有受到过多的关注而已。近年来，干眼症患者数量急剧增加，很大程度上就是办公室的"三大恶因"导致的，即干燥、缺氧以及电脑产生的正离子。

　　大都市的高层办公楼，空调等设备完善，看似非常舒适，然而往往不开窗通风，因此可以说是对眼睛极不友好的环境。在这样封闭的建筑中，没有外界的空气进入，只能依赖内部的空气循环，无疑会导致人们处于缺氧状态。长时间处于这样的环境中，不要说眼睛所必需的氧气，就连维持身体各器官正常运行所需的氧气也无法保证，人就好像在烟囱里工作一样。

　　曾有一位在东京都政府工作的女性患者前来就诊，我给她的建议是"午休时去户外呼吸新鲜空气"。按照我的建议，她每天午休时都会去户外散步，但眼睛的状况却并没有因此得到改善。后来，因工作调动，她去了东京都辖区内的偏远区域，在一栋 5 层高的办公楼里工作。那里可以开窗通风，她每天也尽可能地呼吸新鲜空气，一段时间后，她的眼睛状况便有了显著的改善。

"老花眼"并不存在

近年来,不仅是青光眼,"老花眼"的发病年龄也呈下降趋势,30多岁的"老花眼"患者并不罕见。据统计,日本40多岁的"老花眼"患者人数高达7000多万。然而,许多人仍然认为"老花眼"是由于眼睛老化导致的,是无法避免的,因此完全放弃了治疗。

有一位刚过40岁的女性,在被诊断为"老花眼"后,她就突然感觉自己似乎苍老了很多。然而,在诊断之前,她是一个性格开朗、充满活力的人,经常和朋友外出游玩。由于"老花眼",她需要将物品拿到远处才能看得清楚,这令她在别人面前感到十分羞耻,结果变得宁愿一个人宅在家里,也不出去社交。对她来说,正是"老花眼"让她感到自己开始衰老，情绪也变得低落。通过治疗，她的视力得到了改善，又变得活泼起来，与之前相比，简直是判若两人。

我认为不应该使用"老花眼"这一说法，因为"老花"这个词可能会误导人们认为随着年龄的增长，"老花眼"的出现是不可避免的。

尽管我现在已经60岁了，视力却仍然保持在1.0，而且没有"老花眼"的迹象。这表明，"老花眼"并非年龄增长的必然结果。同时，我希望大家不要误以为佩戴老花镜就是治疗"老花眼"的有效方法。简单来说，之所以会出现"老花眼"，是因为眼睛营养不良导致晶状体缺乏营养、硬化，进而使其调节能力下降。眼睛的营养来源于氧气和良好的血液循环。

受到飞蚊症困扰的白领们

飞蚊症是指在人的视野中出现类似线头、灰尘或蚊虫等飘浮物的症状。

当眼球移动时，人们感觉眼前仿佛有蚊虫飞过，因此被称为"飞蚊症"。

在飞蚊症患者中，大部分属于"生理性飞蚊症"，其病因主要是充满眼球内部的流动物质——玻璃体组织在活性氧的作用下发生了变质。另外，视网膜脱落或玻璃体出血等病理性原因也可能导致飞蚊症。因此，一旦感觉视线中有异物飘动，就一定要及时去眼科接受检查。

虽然飞蚊症引起失明或导致严重眼病的风险相对较低，

但是由于直到目前也尚未找到确切有效的治疗方法，因此即便是患者前去就医，很多眼科医生可能也只是建议患者"慢慢适应"或"先观察一段时间后再来检查"等。

因此，最近有很多患者对飞蚊症深感不安而来到我的诊所寻求帮助。其中有一位从事色彩搭配工作的女性，她的工作是在色彩搭配方面给客户提建议，因此需要区分颜色的细微差别。由于飞蚊症导致的视觉干扰，她非常担心工作出错，还因为压力太大而失眠了。她在诊所接受了一段时间的治疗，并且我还教了她一些可以在家中进行的恢复训练。一周后她联系我，告诉我原本在眼前飞来飞去的"蚊子"从五只减少到了一只。

与其他眼病相同，飞蚊症并不会无缘无故地突然发生，只要查明其病因，并进行针对性的治疗，是可以完全治愈的。

近视、"老花眼"、白内障的病理

我们先简单了解一下眼睛是如何看到外界事物的。请参照右图。

可以借助照相机的原理来解释这一过程,这样可能会更容易理解。简单来讲,在拍照时,光线通过相机镜头在胶片上形成影像。眼睛中的晶状体相当于相机镜头,光束通过瞳孔后在晶状体上进行焦距调整,最终在视网膜上形成影像。这样一来,就可以看到眼前的事物了。

另外,眼睛中还存在着可以帮助调整晶状体厚度的肌肉组织,被称为"睫状体"。

如果由于眼部血液循环障碍等导致眼睛的聚焦能力受

眼睛的成像原理

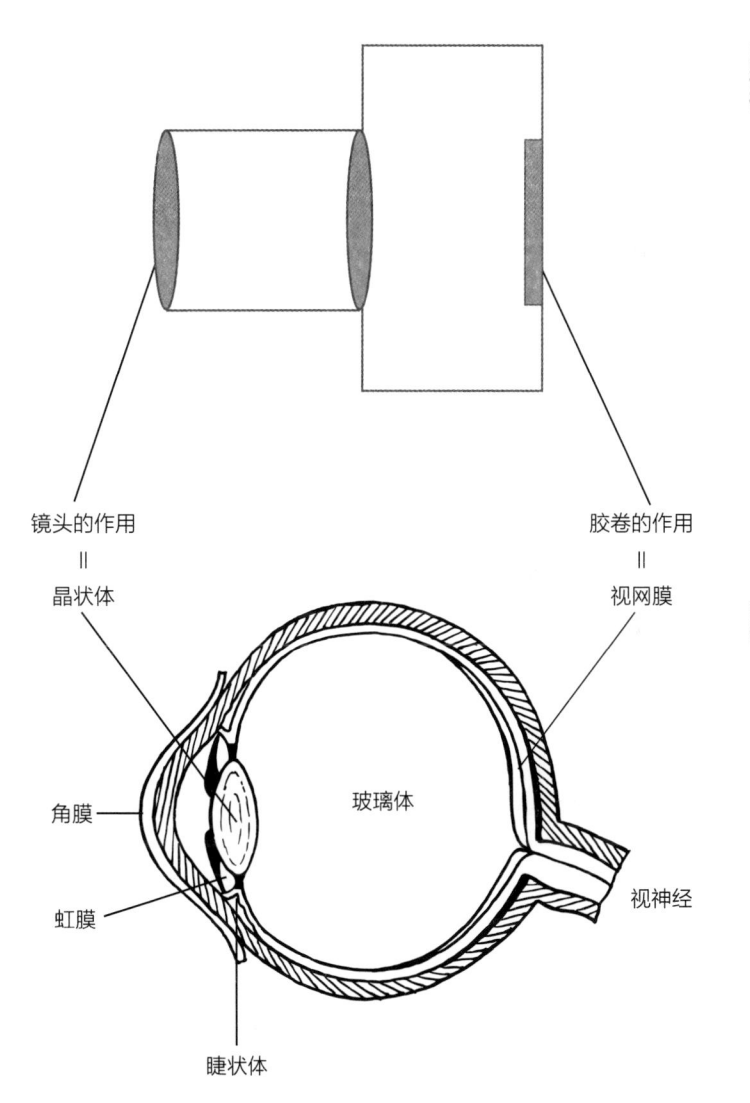

照相机

镜头的作用 = 晶状体

胶卷的作用 = 视网膜

眼睛

角膜

虹膜

玻璃体

睫状体

视神经

损,眼睛看不清远处的物体,就是近视;而若是看不清近处的东西,就是"老花眼"。此外,构成晶状体的蛋白质变得混浊时,就会导致白内障。

当晶状体营养不足时,就会发生硬化,这也是眼睛难以对准焦点的主要原因。此外,营养不足还会引起晶状体新陈代谢的衰退,从而使眼睛产生混浊。

"原因不明"或"老化"是眼科医生的老生常谈

在我所诊治的患者中,有很多人曾前往各处的医院求医,却都未能获得好的治疗方案,他们抱着最后一线希望来到我的诊所。

对于病情较重的患者,医生可能会警告他们"这样下去也许会失明",然后进行一些阻止病情恶化的治疗,但往往无法说明确切的病因,或提供更为有效的治疗方案。

医生还可能会说服患者接受现实——"因为是眼睛老化引起的疾病,目前没有什么好的治疗方法",从而放弃为患者提供更好的治疗方案。

但是,这些患者来到我的诊所并接受治疗后,大多数人都获得了超乎想象的恢复。我并没有创造奇迹，也没有进行复杂且耗时的治疗。只是基于对人体结构的理解，消除导致病症出现的原因，这就是治疗疾病的最简单原理。而且人天生具有自我修复、保持健康的本能，我所做的也只是在治病的简单原理指导下，促使人体的自我修复本能不断增强。

仅仅通过上述治疗方法，那些曾被告知因视力下降而只能戴眼镜的患者中，近九成视力都得到了改善，多数"老花眼"以及青光眼和白内障患者的症状也得到了缓解。

做激光手术之前应该先改善眼部的血液循环

在日本，激光手术的需求量年平均增加数十万例。然而，有不少患者的视力在手术后又退回到了术前水平。由于缺乏相应的术后服务，这些患者很难再次接受治疗，从而成了所谓的"激光难民"，我的诊所也接诊了很多这样的患者。

我对激光手术并非持反对意见。如果患者有接受手术的意愿，而且通过手术能够让他们的日常生活更加便利，我认为是可以考虑的。只不过，我希望在进行手术之前，最好先将自己的眼睛调整到健康的状态。

比如说，如果角膜或晶状体因营养不足而失去弹性，即使通过手术强行调整屈光度，也不能从根本上消除引发近视的原因。这样的手术效果往往令人遗憾，短则三天，长则几周，患者的视力水平就有可能会退回到手术前的状态。眼睛的营养源是"氧气"。本质上，氧气是大脑、内脏、肌肉等人体组织、细胞的能量来源。当然，对于眼睛也不例外。而负责输送氧气的是血液。

"如果要接受眼睛的激光手术，应该在手术前改善眼部的血液循环。"之所以提出这样的建议，是因为如果在手术前改善眼睛的营养状况，使眼睛处于良好状态，手术效果就会更好、更持久。但还有一个许多人并不知道的事实是：即使在激光手术后视力退回到了手术前的状态，如果能通过改善眼部血液循环使眼睛的状况变好，仍有可能恢复甚至增强手术效果。许多患者通过改善眼睛的状态，最终视力又恢复到了手术后的水平。因此，无论采取何种治疗方法，提前改善眼部的血液循环总是有好处的。

眼睛是仅次于心脏的"劳动模范"

眼睛是非常勤劳的器官，我们每天眨眼近 2 万次，眼部肌肉活动高达 10 万次以上。在人体器官里，能如此频繁活动的，除了心脏，大概就只有眼睛了。

即使是最健壮的运动员，也无法在一天之内完成 10 万次的肌肉训练。而眼睛却每天都坚持进行大量活动，从不停歇。

当人体进行肌肉运动时，就会累积乳酸。虽然乳酸对人体有积极作用，但当人体内累积了大量的乳酸，其代谢速度低于积累速度时，就会对视力产生负面影响。乳酸依靠氧气分解，并借助血液排出体外。因此，当身体缺氧时，就无法消除疲劳，人体器官的机能就会逐渐衰退。讲到这里，我想您应该已经明白了。

也就是说，为了确保眼睛能够每天进行大量的活动，就必须让血液充分循环，不断地为眼睛输送足够的氧气。

然而遗憾的是，尽管想要给从不"抱怨"、努力工作的眼睛输送足够的氧气，但随着心肺的老化，最大氧气摄取量会不断减少。如果将 30 岁时的氧气摄取量设为 100%，到了 80 岁时，其数值可能就会下降到 30%。可尽管如此，眼睛还是要一如既往地持续工作。

通常人们认为"只要正常呼吸就能吸入足够的氧气"，因此不会特别努力地增加氧气的摄入量。但为了确保眼睛能够处于健康的状态，应该按照本书介绍的方法，积极地吸入充足的氧气。

最重要的器官——眼睛却被粗心大意地对待

人类通过视觉、听觉、味觉、嗅觉、触觉这五种感觉来获取各种信息。通过五感获取的信息被转换为电信号传送至大脑，人体再基于大脑收到的这些信息来进行各种活动。其中，约80%的信息是通过视觉，也就是眼睛来获取的。因此，可以说视觉对于人体的活动是极其重要的，但我们往往对眼睛的健康不够重视。例如，人们常常认为：

"视力下降是自然现象，无法避免。"

"年纪大了，'老花眼'是必然的。"

"得了干眼症，用几滴眼药水就好了。"

"不知道青光眼和白内障是可以预防的。"

人们往往在眼睛健康时，并不爱护。可一旦出现问题，就认为"没办法"，或是只好采取视力矫正、手术等办法来解决。

在国际上，日本人的平均寿命一直名列前茅。然而，长寿的意义不仅在于活得久，更在于活得健康和有质量。即使活到 100 岁，如果失去了视力，生活的质量也会大受影响。如果一个人无法自由行动，生活的乐趣就会大打折扣。只有保持自立和健康，我们才能体会到长寿的意义和快乐。

无论在哪个国家，在死亡来临的那一瞬间，人们都会闭上眼睛，"永远地闭上眼睛"就意味着"死亡"。因此，我们应该在有生之年珍惜视力，努力保持眼睛的健康。为此，我将在下一章向大家介绍更多关于眼睛的知识，希望能帮助大家更好地理解眼睛的保健方法，进而积极实践，以维护眼睛的健康。

第 2 章

缺氧会导致视力下降

缺氧是导致视力下降的最主要原因

氧气不仅是眼睛的最大营养源，同时也是维持生命所不可或缺的元素。在不进食的情况下，只要保证饮水，人可以生存一个月。但如果停止呼吸，仅仅一分钟，人就会感到痛苦，憋气15分钟就可能导致心肺功能停止，甚至死亡。呼吸是人体获取氧气、维持生命的基本方式。

构成我们身体的60万亿个细胞都以氧气作为能源。尤其是眼睛，活动量极大，眼肌每天的活动次数高达10万次以上。因此，一旦身体处于缺氧状态，首先受到影响的就是眼睛。

那么，具体来说，缺氧会导致哪些视力障碍呢？

首先，缺氧会导致睫状肌力量和晶状体弹性的丧失，从而加速近视或"老花眼"的发展。

其次，晶状体的新陈代谢会衰退，导致眼睛内部变得混浊，进而形成白内障。而如果眼球内部的废物不能有效排出，就会引起飞蚊症。

再次，因眼组织内充满了名为"房水"的液体，缺氧会引起房水排泄不畅，从而使眼压随之升高，最终导致青光眼。最后，如果视神经营养不良，视力也可能会受损。

缺氧的原因当然是我们直接获取氧气的唯一方式——呼吸出了问题。以下是导致我们无法充分吸入足够氧气的两个主要原因。

第一，迄今为止，经我诊治的患者约有 10 万名，其中大多数患者身体缺氧的原因是肠胃硬化。每当我和患者提及这一点时，他们总是会问："呼吸不是应该依靠肺部吗？为什么会和肠胃有关系？"为什么肠胃硬化会导致无法吸入足够的氧气呢？尝试一下深呼吸就能够觉察到具体原因了。请尝试几次深呼吸，要深深吸气至腹部，然后把手放在胃上方。此时，你会发现手的压力阻碍了肺部的扩张，无法顺畅地吸入空气。同样的道理，当肠胃发生硬化时，就无法充分地吸入空气至腹部，呼吸也就会变浅。

此外，肠胃硬化还意味着肠胃的消化和蠕动活动也不顺畅。中医将人体营养供给源的肠胃比作树根，将其视为人体中最重要的器官。如果肠胃功能下降，就会导致全身的血液循环衰退。肠胃功能进一步减弱还会导致自主神经紊乱，并引起血液循环障碍，使全身陷入缺氧状态。

第二，久坐不动。可以说，久坐办公室的人几乎100%都处于身体缺氧状态。当对着电脑工作时，人们往往会不自觉地身体前倾、低头，从而使呼吸道变窄。此时，即使我们感觉自己在正常呼吸，实际上吸入的氧气也是断断续续的，且量十分少。如果每天8小时都处于这样的状态，那么一天之内的大部分时间都无法进行正常的呼吸。

此外，久坐还意味着自身的体重会压迫臀部和大腿，相当于形成了阻碍血液循环的状态。这样一来，全身的血液会逐渐无法正常循环，变得黏稠，进而导致眼睛的营养供给受阻。

血液循环不畅会引发各种疾病

支撑人体正常运行的新陈代谢和消化等生理机能都依赖于良好的血液循环。因此，当血液循环不畅而导致细胞缺乏足够的氧气时，全身的各个器官就会出现异常。无论是较为常见的身体症状，如肩膀僵硬、乏力、水肿、头痛等，还是糖尿病、高血压，乃至癌症等疾病，往往都是因身体缺氧所致。许多著名的医生和学者早已注意并指出了这一点。野口英世博士就曾提出："所有疾病都源自缺氧症。"

可见，氧气对全身健康来说是至关重要的。当身体处于缺氧状态时，眼睛就会自然地随之出现近视、"老花眼"、青光眼、白内障、干眼症等视力障碍。

充足的氧气有助于提高注意力

现代社会中,空气中氧气浓度大约为21%。当这一数值下降至20%时,人就会开始出现思考能力下降、手脚麻木等状况。即便只是下降了1%,也会对人产生非常大的影响。而当这一数值下降至15%时,空气中的氧气就会严重不足,甚至都无法支撑蜡烛燃烧。此时,人会感到呼吸困难,出现全身乏力等状况。

在封闭的室内,氧气浓度会降低至20.6%。而在飞机机舱内或满员的电车内,氧气浓度可能降至18%左右,这是保证人体处于安全状态的最低要求。但由于个人差异,许多人可能会感觉到身体不适。

当处于无法通风的房间内,以及长时间乘坐飞机、满员电车时，我们就容易感到疲劳、头脑昏沉。实际上，这都是由于缺氧造成的。相反，如果能够充分吸入氧气，让大脑得到充足的血液供应，我们的注意力也会随之提升。

我的一位患者，过去每当在电车上读书时，他就会不自觉地睡着。后来，他依照我的建议，调整生活习惯并进行锻炼，让身体摄入足够的氧气。坚持一段时间后，他发现自己即使长时间阅读也不会感到困倦，现在再也不会看着书就睡着了。

实际上，在电车上读书感到困倦，说明眼睛已经处于缺氧和疲劳的状态。此时，大脑会发出"停止阅读"的指令，身体也会随之出现困倦的反应。

后来，这位患者高兴地打来电话，告诉我他的变化。因为除了我提供的方法之外，他并没有尝试其他方法来让自己保持头脑清醒，因此他认为一定是我的方法起到了很好的作用，才让他的眼睛恢复到了健康的状态！

"今野式视力恢复训练法"创立的契机

我在本书前言中曾提及"今野式视力恢复训练法"的创立契机,实际上与我诊治过的一位患者有关。

这位患者是一位 20 多岁的年轻男性。他年纪不大,却患有严重的低血糖症、心脏病和甲状腺功能低下症。当时他全身乏力,常常感到意识昏沉,无法自由行动。而且,当时他的心脏状态很差,无法承受任何负担。所以别说是工作,就连简单的移动,甚至拿筷子都让他感到很吃力。

他四处求医,但所有的医生都提醒他"尽量不要活动,否则会有生命危险",并且让他服用大量药物,每天服用的药物数量竟高达 40 多片。

可他的病情却并没有好转。后来，他和母亲、阿姨一同来到我的诊所。当时，由于药物副作用的影响，他整个人看上去毫无生气，气若游丝。于是，我立刻让他吸入氧气，并利用十四经络疗法进行治疗。之后，我向患者说明了今后的治疗方案，并叮嘱他要逐渐减少药物的使用，以及调整日常生活习惯。

此外，我还要求他每天步行 5 公里，举 2 公斤的哑铃，做俯卧撑和仰卧起坐各 50 次。一日三餐要按时吃好，原则上禁止食用糖果、巧克力和糕点等甜食。我要求患者严格执行以上规定，并同时接受十四经络疗法和氧气疗法。8个月后他恢复了生气，也完全摆脱了对药物的依赖。

然而，我逐渐注意到一个之前并没有发现的问题，那就是他虽然戴眼镜，但在走路时还是会时常撞到门或周围的物体。这令我觉得奇怪，于是决定对他进行进一步检查。结果发现，他还患有"视网膜色素变性"。据患者自述，他曾去过很多家医院请专家诊治，可病情并没有好转，无奈之下就放弃了治疗。

"视网膜色素变性"是由于眼球内侧的视网膜上渗出褐

色色素，从而使视野缩小的一种眼病，严重时有可能导致失明。由于目前尚未找到有效的治疗方法，因此被认为是一种"病因不明的疑难杂症"。

顺带一提，最初我对该患者实施的治疗是针对他的低血糖症。对于视力障碍，由于患者希望接受西医治疗，我便没有对他的眼睛症状进行相应的治疗，而是为他推荐了我所熟知的最优秀的眼科医生。

但遗憾的是，这些眼科医生最终都放弃了对他进行治疗，甚至有一位眼科医生只是为他配了一副没有治疗作用，价格却十分昂贵的眼镜。看到这个对未来还抱有期待的年轻人因为疾病一次又一次失望、沮丧、悲伤的样子，我随即决定：我来为他治疗眼睛！然而，尽管我决心要治好他的眼病，但我其实并没有治疗眼病的经验。

此前，我虽然有对患者身体的其他部位进行治疗后，让他们的眼睛近视状况同时得到了改善的经验，可对于"视网膜色素变性"，我确实没有任何治疗经验。我该怎么办呢？那段时间，我几乎每天都在思考这个问题。正当我对此感到万分焦虑的时候，某一天，一个健康器械制造商联系我，希望我能了解他们的产品。在他们那里，我看到了一种可以发热并可拍打身体的"发热针灸治疗仪"，突然就想到了治疗方案！"没错，就用它吧！"

中医认为，眼睛周围分布着大量控制内脏的自主神经。于是，我想先用这个治疗仪来激活自主神经。热针疗法虽然简单，但在调整自主神经紊乱方面却有着非常显著的效果。

随后，我让患者来诊所，为他进行眼睛的治疗。先用十四经络疗法对患者的全身进行理疗，目的是改善眼部的血液循环。同时让他吸氧，之后用热针治疗仪对他的眼部进行拍打、按摩。

通常，如果用40 ℃以上的热针刺激处于麻痹状态的自主神经，就会出现疼痛反应。当时，这位患者也感到了疼痛。但在治疗结束的那一刻，他突然指着5米之外墙上挂着的时钟，兴奋地喊道："啊，我能看清时钟了！"

在进行治疗之前，他是完全看不见那块时钟的。在经过几次治疗之后，他甚至连时钟指针的移动也能看清了。

这种情况让我不禁思考：通过如此简单的治疗就能够取得一些疗效，那些眼科医生到底在做什么呢？

为了在短期内帮助那位年轻患者，使他的身体状况得到进一步改善，在征得他母亲的同意后，我带着他一同前往中国，那里有一家与我们诊所有合作关系的中医治疗院。在与中医治疗院的医生沟通之后，我请他们为患者进行了一些治疗，目的是确认之前在日本进行的治疗的效果。

结果出乎意料，经过短短 5 天的治疗，患者已经缩小的视野就得到了恢复，视力也从之前的不到 0.01 提升到了 0.5。对于这样的治疗效果，我和那位医生都非常兴奋，我们激动地将手紧紧握在了一起。

这次的诊治经历让我对自己钻研出的治疗方法充满了自信，我也自此开始挑战各种眼病。我还向患者承诺，努力帮助他们将眼睛恢复到更好的状态。

同时，我还对眼睛进行研究，研发了"眼睛训练器"，并获得了专利。这种训练器目前在我的诊所用于帮助患者加速视力恢复。

给这位患者治疗眼睛的经历，促使我成为真正的眼科医生。然而，之前我也曾经放弃过为他治疗，给他介绍了其他眼科医生，对此我深感羞愧。如果不是因为帮助这位患者治疗眼睛所做的尝试和努力，可能就不会有现在的"今野式视力恢复训练法"。因此，我发自内心地感激这位患者。

他是利用我所研发的治疗法接受治疗的第一位患者。

血液循环障碍会导致眼睛出现各种问题，而解决缺氧问题才是保证眼睛处于健康状态的关键。

不仅眼睛,大脑也在"看"

实际上,并非只有眼睛在"看"。

眼睛捕捉到的图像会在视网膜上转换成电信号,然后通过视神经传递给位于大脑皮层的视觉区。此时,大脑才能将其图像化,我们也才能看到眼前的事物。

当我向患者说明"实际上大脑也在看"时,几乎所有人都对这个说法不太理解。尽管人们很难将"看"这个动作直接和大脑联系起来,但仔细想想,我们每个人都有过以下这些经历:

有熟人走过来,却并没有注意到;

疲劳时总是读错字;

东西明明摆在眼前，但就是注意不到。

虽然眼睛已经看到了人和事物，但在那一刻大脑却并没有"看到"，导致我们对这些人和事物视而不见。因此，认识到"大脑也在看"这一点，对于帮助视力恢复具有重要作用。

很多视力不佳的人对视力恢复没有信心，他们会持续向大脑发送"反正也看不见……"这样的消极信号，从而加剧他们的视力问题。

近年来，在白领女性中，即使佩戴框架眼镜或隐形眼镜，也很难恢复视力，因为患有弱视的人越来越多。

其中，有些人甚至开始考虑是否要办理视力障碍人士的相关证明，或者胡乱猜测自己的视力障碍等级。她们对恢复视力已经完全失去了信心，认为视力只会越来越差，不可能得到改善。而且因为工作中频繁使用电脑，所以免不了视力会不断变差。这种消极的想法也对大脑产生了一定的负面影响。所以，她们即使想要尝试通过佩戴框架眼镜或隐形眼镜矫正视力，也难以获得好的效果。

压力大也会导致视力下降

压力、疲劳也是导致视力下降的重要原因。

人体内存在着自主神经,它可以调节呼吸、心跳等不受人类意识控制的身体功能。自主神经分为交感神经和副交感神经。交感神经在我们活动、紧张、感到压力时发挥作用;副交感神经则在我们休息、放松、睡眠时发挥作用。

另外,黑眼珠中的瞳孔负责调节进入眼睛的光线数量。当交感神经发挥作用时,瞳孔周围的虹膜就会收缩,瞳孔就会扩大,以适应更多的光线进入。

实际上,仔细观察近视患者的眼睛,就可以发现他们的瞳孔都较大，这表明他们当中的多数人处于交感神经占主导的状态。如果瞳孔扩大的状态持续下去，就会使焦点深度变浅，这样调整焦距时就需要更大的力量。久而久之，负责调整焦距的睫状肌也会受到损伤，从而导致视力下降。而导致交感神经过度活跃的最大因素无疑就是压力。

本来在白天或处于活动状态时，身体内的交感神经会发挥作用；而在夜晚休息时，副交感神经则会变得活跃起来。可如果人们熬夜或睡眠不足，就会打破自主神经的平衡，给身体带来压力。再加上日常生活中存在的精神压力，交感神经就会持续处于活跃状态，睫状肌也会随之持续处于紧张状态而异常疲劳，结果就导致视力不断下降。

另外，自主神经失衡还会引起血液循环障碍，从而使身体处于缺氧状态，这也是导致视力下降的重要原因。

压力和疲劳还会影响到肠胃，"气得肚子痛"这一说法实际上是胃肠的蠕动和功能变得迟钝，开始硬化的表现，而这也是导致全身血液循环出现障碍的因素。另外，不可见的压力还会导致自主神经麻痹，使人陷入视力下降的恶性循环。

所以说，我们不仅通过眼睛看，还通过大脑"看"。

对大脑来说，"能看见"是理所当然的事。1.5 的视力是能够让大脑舒适和稳定的理想状态。

因此，当视力下降，眼睛"看不清楚"时，对大脑来说就是相当大的压力，这种压力有时会打乱自主神经的平衡。即便视力只提高 0.01，也可以减轻大脑的压力。你有没有感觉到眼睛和大脑都在向你提出"请求"呢：

"希望能改善一些。"

"请帮助我恢复到更好的状态。"

请相信人体的自然治愈力

一天 24 小时，一年 365 天，我们的身体从不停歇，努力地保持着最佳的状态。

我们的身体要摄入氧气，并将其输送到身体的各个部位，从而实现各种各样的身体功能：从食物中吸收营养；一旦有毒素侵入，就将其分解并排出体外；感冒时与病毒作战；受伤后帮助伤口愈合。

另外，即使是健康的人，每天也会产生约 5000 个癌细胞，但并非每个人都会患上癌症，这是因为身体能够自行消灭癌细胞。人体的这种自我防御功能，包括免疫力在内，总的来说就是人体的自然治愈力。

自然治愈力无关年龄，只要生命延续，它就会一直伴随着我们。然而，不健康的饮食习惯、压力、睡眠不足等不良生活习惯会干扰到自然治愈力，使其效力下降。

我所开创的包括视力恢复训练在内的治疗方法，都完全基于人体的自然治愈力。

这些治疗方法旨在最大限度地激发身体的各项机能，提升自我恢复的能力，没有副作用，也不会给身体增添任何负担。我通过大量的治疗案例发现，它不仅可以帮助患者解决眼睛的问题，还能同时解决身体其他部位的问题。我们收到了很多患者的反馈，他们表示"其他症状也得到了缓解""感觉身体更有活力了"……

过去，眼科医生都认为视神经一旦受损就无法恢复，所以只能使用尚未受损的视神经；他们还认为受损的大脑神经纤维同样无法恢复。可现在的研究表明大脑神经纤维是可以再生的。那么，受到损伤的视神经是否一样可以再生呢？目前，有关视神经再生的研究仍在进行中。

人体的自然治愈力有时甚至能超越科学的现有理解。只要能为身体创造一个适宜的环境，它就能展现出超乎想象的治愈能力。

有一位年近 70 岁的患者，经过治疗后，他的视力逐渐得到改善，视野变宽，精神状态也越来越好。他甚至将法国流行音乐女王茜尔维·瓦尔坦（Sylvie Vartan）年轻时的照片设置成了手机屏保。

目前，有关视神经的研究结论尚不明确。所以，无论眼睛出现什么问题，希望大家都不要放弃治疗。

切忌过度用药

除了上述原因外,还有一些意想不到的原因也会导致视力下降。在我的诊所接受治疗的患者中,许多人还同时患有其他疾病,并且其中大多都需要服用多种药物。通常在开始治疗前,我都会询问患者平时服用哪些药物以及具体的服用情况。这是因为服用药物往往会对治疗效果产生一些负面影响。

例如,在进行自主神经的恢复治疗时,如果患者正在服用抑制自主神经或中枢神经的药物,那么正在进行的治疗就会受到影响,患者的视力也就难以得到预期的改善。另外,有些患者长期服用副作用较大的药物,这些药物实际上并没有显著的疗效,却会导致患者的肝脏和肠胃变得十分脆弱。

维持眼睛的健康需要大量氧气，但如果服用大量药物，身体为了分解药物带来的毒素，就需要消耗大量的氧气。这样一来，提供给眼睛的氧气就会不足，进而影响视力。此外，眼睛周围的眼肌与自主神经密切相关，如果长期服用大量药物，自主神经就会变得紊乱，从而影响视力的恢复。

我觉得很多人对"服用药物"这件事过于掉以轻心。比如，有些人在未遵医嘱的情况下擅自服用止痛药或肠胃药。还有一些人，仅仅因为是医生的建议，就不查明药效，只是机械地按时按量服用。甚至还有些人即使出现了副作用仍然不停止服药。

药物主要是用来缓解症状的，无论何种疾病都不会因为服用药物而被完全治愈。而一般情况下，如果长期服用同一种药物，药效就会减弱。其原因之一就是人体具有"药物耐受性"，长期服用会使身体适应这种药物，久而久之，服用这种药物后的状态就会成为身体的一种常态。

还有一个原因就是长期服用药物可能会导致体内细菌

的耐药性变得更强。如持续使用抗生素等药物时，最初药物会强于细菌，但随着用药越来越多，细菌的耐药性渐渐就会超过抗生素的效力。

药物可以用来抑制病症的恶化，但如果用药一周后，身体已经恢复或是没有效果，就应该停止用药。

有一位角膜炎患者，医生告诉他今后可能会复发，建议他继续使用滴眼药。于是，尽管眼睛已经康复了，他还是持续使用滴眼药长达一年以上。

有些药物甚至可以抑制人体的免疫力。

为了提高人体的自然治愈力，我们应尽量减少药物的使用，并且要慎重考虑是否需要长期用药。

在美国，眼病治疗与视力恢复
由不同的医生负责

在日本，当眼睛出问题时，无论什么症状，人们都会求助于"眼科医生"。然而在美国，"眼科医生"和"视力恢复科医生"却是严格区分开来的。

美国的眼科医生只负责眼病的治疗，如结膜炎、青光眼、白内障、视网膜脱落等各种眼病。视力恢复科医生则专门负责视力保护或视力恢复。

这种明确且专业的分工促进了眼病治疗和视力恢复领域研究的进步。尤其是在视力恢复方面，美国的研究者很早就发现了"大脑也在看"这一事实。此外，这种明确且严谨的分工治疗也能使患者自然而然地对视力恢复持有很大的信心。

可能很多人并不知道,其实日本也有"视能训练师"的专业资格。"视能训练师"是一种国家级的专业资格,其定义为:帮助双眼视功能有障碍的患者恢复视力,为他们进行视力矫正训练以及必要检查的专业资格人员。

虽然"视能训练师"看似是从事视力恢复训练的专业资格人员,但成为"视能训练师"的必要条件就是必须在医生的指导下工作。因此,日本的现状就是尽管有持有专业资格的人员,但对患者的眼部检查仍需由医生执行。拥有专业技术资格却不能独立从事相关工作,我认为这是令人非常遗憾的事情。

由于日本现行医疗体系的这一限制,作为持有专业资格的"视能训练师"并不能独立帮助那些有视力障碍的人。因此,我创办了一家"眼睛美容学院",将基于中医的眼科相关理论知识体系化,开展"视力恢复训练师"的培训和资格认定。

如今,全国各地的患者相继来到我的诊所接受治疗,由于患者众多,有时很难预约到诊疗时间。因此,来自地方的患者希望我能在东京以外的地区增设几家诊所,好方便他们就诊。

  我本人也希望能够帮助更多的患者,让他们不会因为眼病而放弃美好的生活,在拥有健康的双眼后能过上更加充实、有意义的生活。如果您也有同样的愿望,期待您能加入我们的团队,成为一名"视力恢复训练师"!

眼科医生前来请教

如今，由于电脑、智能手机的普及，人们每天都在过度用眼。

特别是使用网络时，即便只是浏览网页，网页画面也会每秒向我们的眼睛发送高达 10 亿比特的信息。而通常人的眼睛每秒能读取的字符数约为 4 个，这就意味着，我们的眼睛需要处理的信息量是正常可接收信息量的数千万倍。此外，还有电子邮件、电子游戏、充斥在各处的广告等，即使我们不主动查看，其中的信息也会闯入我们的视野。

此外，与间接光源如照明光线相比，电脑显示器的光会导致眼睛和大脑的疲劳度增加 2～3 倍。而且这种情况还在不断地加剧。因此，毫无疑问的是，在未来社会，眼睛和大脑的负担将愈加沉重。面对这种情况，如何帮助患者改善视力就成了一个需要思考的问题。

截至目前，已经有数十名眼科医生与我联系，希望能够学习我开创的治疗方法，或者和我一同进行治疗。这些医生当中既有西医，也有中医。越是热心钻研治疗，心系患者的医生，越渴望找到更加有效的治疗方法。我想也正因为如此，这些眼科医生才会与我联系。

当然，我也会毫不吝惜地提供帮助。无论我们是否愿意接受，今后眼睛的问题都无疑会持续增加。我希望能帮助更多的患者感受到视力恢复所带来的喜悦。

视力恢复讲座上的轰动效果

由我开创的视力恢复训练法常被刊载在健康杂志上,如《HATSURATSU 元气》(艺文社)、YUHOBIKA(MAKINO 出版)等。

在如今这个充斥着各种健康疗法的时代,只有理论坚实、效果良好的方法才会被杂志作为专题来着重报道。YOHOBIKA 杂志特别撰写了一篇长达 13 页的专题报道来介绍我的视力恢复训练法。而且这样的专题报道前后总计 3 次,合计占据该杂志 39 页的版面。

其中,YOHOBIKA 杂志于 2009 年 5 月刊载的一篇报道引发了读者的强烈反响。于是,编辑部希望我可以举办一场"视力恢复训练法——拍打法"的讲座。编辑部还通过杂志征集"今野式视力恢复训练法"的体验者。原本计划召集 27 名体验者,没想到竟然有 300 多人报名参与。如此大的反响,让编辑部的工作人员也感到非常惊讶。

在首次公开讲座的当天,通过抽签方式选出的 27 名体验者聚集在会场。在讲座正式开始前,我先为这些体验者检测裸眼视力。随后,作为讲师的我正式登台并开始讲解。在讲座中,我具体讲解了眼睛与血液的关系、眼睛与肠胃的关系、为眼睛提供充足氧气的必要性以及保持营养平衡对视力恢复的重要性等。

讲座的最后环节是读者们期待已久的"视力恢复训练法——拍打法"的现场指导。

我让所有体验者围成一个圆圈,我站在圆圈中央进行指导。先让大家做了一段简单的预备体操后,拍打法的指导就正式开始了。

"拍打"包括"面部拍打"和"全身拍打"。"面部拍打"要用五个手指轻轻地拍打脸部;"全身拍打"则是用拳头有节奏地敲打身体。

"拍打法"的练习开始后不久，会场内便充满欢声笑语。

"没想到要用这么大的力气呢！"

"挺舒服的！"

"很有趣！"

大家的欢声笑语此起彼伏。很快，两小时的讲座就接近了尾声。

就在这时，编辑部的工作人员走到我身边小声说道："老师，很抱歉没有提前告诉您，其实我们举办这场讲座的目的是想观察经过一次训练后，大家的视力能有多大程度的提升。"

听到这些话，我有些紧张。之前编辑部交给我的任务只是指导"视力恢复训练法——拍打法"，我并不知道讲座后还要收集体验者视力恢复的具体数据。

于是，随后现场便开始再次检测所有体验者的视力。当然，检测是由 *YOHOBIKA* 编辑部邀请来的专业人士负责的。

仅仅一次练习，大家的视力能有多少提升呢？我十分忐忑。

结果出乎所有人的意料，27 名体验者中，竟然有 24 人的视力水平得到了提升。

也就是说，通过一次练习，视力得到改善的体验者比例达到了 88.8%。

特别是一位 47 岁的女性，她的右眼视力从 0.15 提升到了 0.3，左眼视力也从 0.2 提升到了 0.4。还有一位 11 岁的男孩，参加体验前，他的左眼和右眼的视力分别是 0.5、0.6，但体验后双眼视力都提升到了 0.9。

仅仅通过一次拍打法的练习竟然就能获得如此好的效果！每宣布一次检测结果，会场都会响起大家的惊叹声，所有体验者们都面面相觑，露出一脸惊讶的表情。

但令人惊喜的还不止于此。从体验者们的反馈来看，不仅视力得到了改善，还有许多其他良好的效果：

"感觉视野变得更明亮、更宽广了！"

"眼睛周围感到温暖舒适！"

"感觉比以前看得清楚了！"

此外，患有飞蚊症的体验者表示"以前总在眼前飘动的像虫子一样的黑点似乎减少了"；患有干眼症的人说"眼睛干涩的状态有所缓解"；还有人表示"感觉室内的人和物体看起来比以前清晰了"。

视力不佳的人常常伴有颈部或肩部僵硬、头痛等症状。事实上，有一些体验者就反馈说"疼痛感减少了""感觉身体轻松多了"。所有体验者的脸上都洋溢着喜悦的光彩。

在讲座的最后，我又一次强调了坚持"按摩和拍打法"的重要性。

在这次讲座上我主要介绍了拍打法。实际上，我开创的视力恢复训练法共有 7 种，将在本书的下一个章节为大家分别介绍。

第 3 章

7 种视力恢复训练法，
1 分钟改善视力

今野式视力恢复训练法

接下来要给大家介绍的 7 种视力恢复训练法都非常简单，不需要任何工具，只需身体做好准备，对训练的顺序也没有特别的要求。

每种训练法都可以在 1 分钟之内完成，因此可以在工作或做家务的间隙轻松进行。

如果时间允许，比较理想的情况是每天将这 7 种训练法都练习一遍。这样可以从各个方面来解决眼部和全身的供氧不足问题，并且能够调整自主神经的平衡，为大脑创造一个能够"看得见"的良好视觉环境。然而，需要注意的是，刚开始时不要急于求成，这容易导致在练习过程中失去耐心，重要的是能持之以恒。

可以先从以下这些简单的练习做起：长时间使用电脑而感到眼睛疲劳时，可以尝试用"拍打法"，轻轻地拍打眼睛周围；去洗手间时，可以对着镜子用手指按压眼部的穴位；在泡澡时可以按摩眼部肌肉等。

尝试一段时间后，你就会发现这些练习能带来极大的舒适感，这可能会激励你继续坚持练习。另外，只要能保证每种训练所规定的拍打或按摩次数，每天也可以进行多次练习。

"今野式视力恢复训练法"的特点是练习的次数越多，视力恢复的效果就越好，身体也会变得越来越健康！

训练法①——拍打法（打压法）

眼部拍打法

拍打法在本书的上一章中已有介绍。在健康杂志 YUHOBIKA 主办的讲座上，通过练习拍打法，近 90% 体验者的视力得到了提升，引起了巨大的反响。

我在诊所曾对 50 名患者进行过跟踪调查，结果发现 100% 的患者在练习拍打法后视力都有所改善。而且拍打法不仅可以改善视力，对长期受到其他眼病困扰的患者也有帮助。比如，有的患者觉得"视野变得清晰了"，还有的患者表示"斜视得到了改善"。

拍打法是用大拇指之外的四根手指，即食指、中指、无名指和小指的指尖轻轻拍打身体的训练方法。拍打时，可以稍微用力，但拍打的力度不必过大以至于让皮肤发红，正常的力度就能够获得很好的效果。每秒拍打 3 次，要有节奏地拍打，具体的拍打方法如下：

1. 沿着从眉间到太阳穴的方向，在眉毛上方拍打 5 次；

2. 沿着从眼角到眼尾的方向，在眼睛下方 1 厘米处拍打 5 次；

3. 沿着从太阳穴到头顶的方向，拍打 5 次。

拍打法可以同时刺激肌肉、骨骼和皮肤，促进血液循环。血液循环有所改善后，就可以增加氧气的供应。

此外，眼睛周围分布着大量可以让自主神经活跃起来的穴位。拍打时，即便没有刻意记住每个穴位的具体位置，只要按照上述方法和步骤拍打，就可以自然而然地刺激到有效的穴位。

眼部拍打法

1

沿着从眉间到太阳穴的方向，在眉毛上方拍打 5 次。

2

沿着从眼角到眼尾的方向，在眼睛下方 1 厘米处拍打 5 次。

3

沿着从太阳穴到头顶的方向，拍打 5 次。

眼部主要穴位

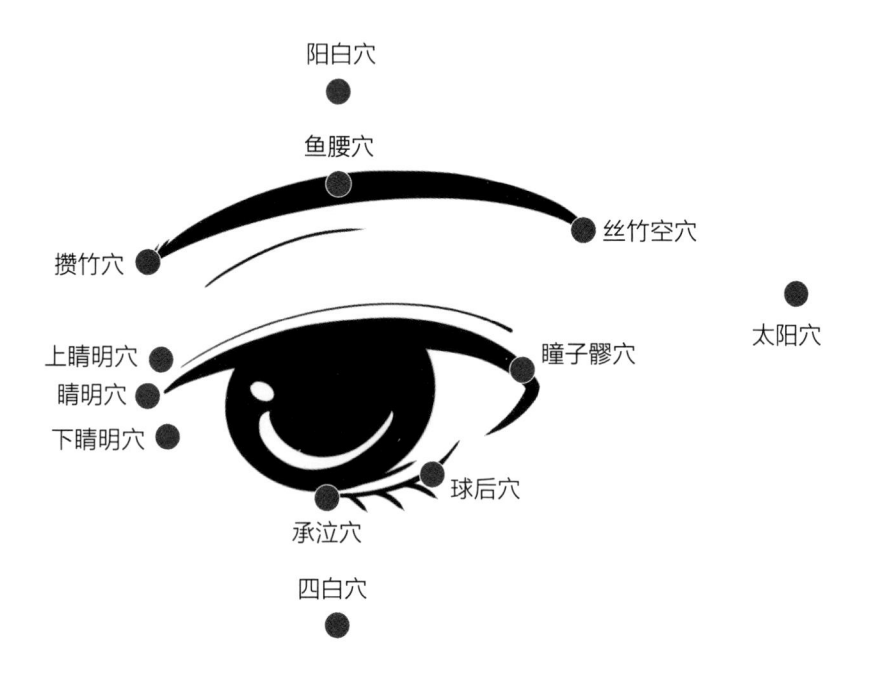

阳白穴

鱼腰穴

丝竹空穴

攒竹穴

上睛明穴　　瞳子髎穴　　太阳穴
睛明穴
下睛明穴

球后穴

承泣穴

四白穴

中医认为，这些穴位分布在与内脏相连接的经络（生命能量的通道）上。因此，拍打这些穴位还可以改善内脏功能。

此外，由于自主神经遍布全身，所以除了拍打眼部，如果能同时拍打手臂、腿部等其他部位，刺激这些部位的自主神经，将会更加有效。

手臂拍打法

沿着从手腕到肘部的方向，就像是切东西一样，用手掌侧面来回拍打另一只手臂10次。手臂的内外两侧都要拍打。

腿部拍打法

沿着从脚踝到膝盖的方向，与拍打手臂的动作相同，用手掌侧面来回拍打腿部10次。腿的内外两侧都要拍打。

手指拍打法

用一只手的拇指和食指分别捏住另一只手的手指，在指甲根部侧面按揉5次。

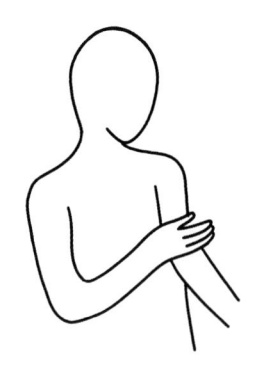

手臂拍打法

沿着从手腕到肘部的方向,就像是切东西一样,用手掌侧面来回拍打另一只手臂 10 次。手臂的内外两侧都要拍打。

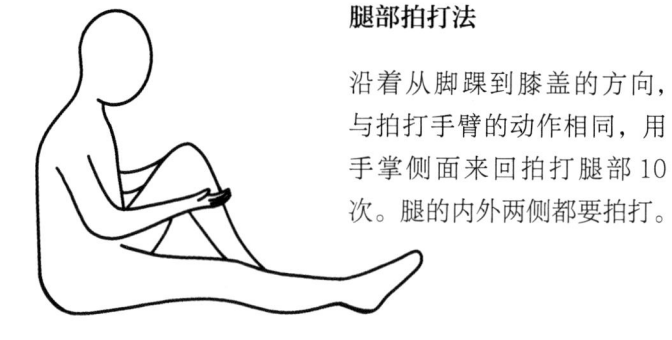

腿部拍打法

沿着从脚踝到膝盖的方向,与拍打手臂的动作相同,用手掌侧面来回拍打腿部 10 次。腿的内外两侧都要拍打。

手指拍打法

用一只手的拇指和食指分别捏住另一只手的手指,在指甲根部侧面按揉 5 次。

训练法②——抖动法

抖动法同样要用到两手的食指、中指、无名指和小指，先用指尖轻轻按压皮肤，然后再左右或上下轻轻抖动，使肌肉放松。如果是上下抖动，可以想象成"抓挠"的动作。具体步骤和方法如下：

1.将手指轻轻放在眉间偏上位置，在任意三处上下抖动，每处抖动5次。

2.将手指轻放在眼睛下方的骨骼处，在任意三处左右抖动，每处抖动5次。

3.将手指轻放于眼尾与太阳穴之间，左右抖动5次。

4.将双手放于耳朵和头部，进行上下或左右抖动。

5.将一只手掌轻轻按在颈椎上方,上下或左右抖动5次。

6.将双手分别轻轻按在颈椎两侧,上下或左右抖动5次。

抖动法可以同时使皮肤、血管和肌肉得到放松,促进身体的血液循环,激活内脏和大脑的功能。也就是说,抖动法可以给大脑和内脏等带来一些刺激,从而激发它们的功能。如前文所述,通过拍打法可以改善自主神经和血液循环系统,而抖动法则可以进一步巩固拍打法所产生的效果。

训练法③——按摩法

按摩法是用中指、无名指和小指的指腹在皮肤表面进行按摩的练习方法。

眼部上方 [眼窝（眼球所在的头骨凹陷）边缘、眉毛和眉毛上方]

将大拇指置于下巴中心处，以便能够支撑中指、无名指和小指的活动。具体方法如下：

1. 沿着从眼角到眼梢的方向，用双手中指的指腹轻轻按摩眼窝边缘5次。

2. 沿着从眉头到眉梢的方向，用双手中指的指腹轻轻按摩眉毛5次。

3. 沿着从眉头到眉梢的方向，用双手中指轻轻按摩眉毛上方 5 次。

眼部下方（眼窝边缘、眼睛下方、眼颊骨）

将大拇指置于下巴中心处，以便能够支撑中指、无名指和小指的活动。具体方法如下：

1. 沿着从眼角到眼梢的方向，用双手中指的指腹轻轻按摩眼窝边缘 5 次。

2. 沿着从眼角到眼梢的方向，用双手中指的指腹轻轻按摩眼睛下方 5 次。

3. 沿着从眼角到眼梢的方向，用双手中指的指腹轻轻按摩眼睛下方的颊骨 5 次。

4. 用中指、无名指和小指轻轻地按压太阳穴 3 秒。

按摩的要点是要充分按摩皮肤深处紧绷的肌肉。充分按摩后，皮肤就会发热，从而使血液循环更加顺畅和持久。此外，按压太阳穴 3 秒，有助于提升血液流动的速度。

按摩法

1

将大拇指置于下巴中心处,以便能够支撑中指、无名指和小指的活动。

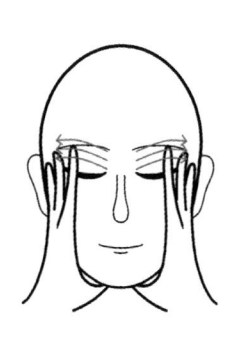

2 眼部上方按摩

①眼眶边缘
②眉毛
③眉毛上方

沿着从眼角到眼梢的方向滑动按摩5次。

※ 按摩时,要每次向上移动5毫米。

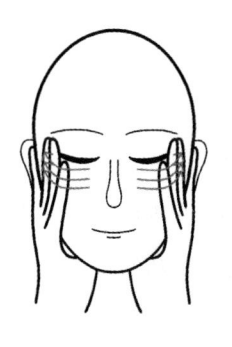

3 眼部下方按摩

①眼眶边缘
②眼睛下方
③位于颧骨上的眼下部

沿着从眼角到眼梢的方向滑动按摩5次。

※ 按摩时,要每次向下移动5毫米。

训练法④——指压法

指压法是通过按压眼睛周围和耳朵上的穴位来促进血液循环,从而为眼睛提供必要的营养(氧气)的一种方法。

眼睛周围的穴位

眼睛周围分布着许多与内脏相关的经络,是视力恢复训练中要锻炼的关键部位。具体方法如下:

1. 眼睛周围有12个穴位(具体请参照本书72页),用中指的指尖轻触这些穴位3秒。

2. 接着轻轻按压3秒后保持静止。

指压法

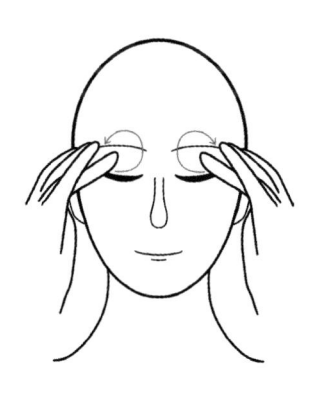

1

眼睛周围有 12 个穴位（具体请参照本书 72 页），用中指的指尖轻触这些穴位 3 秒。

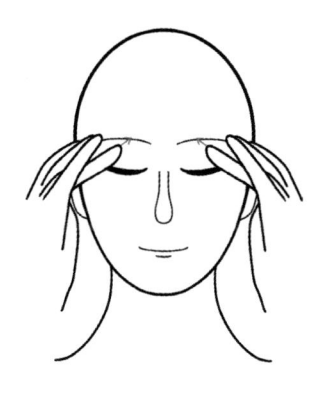

2

接着轻轻按压 3 秒后保持静止。

可能大家会担心无法准确地找到这些穴位，但在按压时使用的是面积相对较大的中指指腹，只要按照书中的插图进行练习，通常都可以准确地按压到穴位。因此，对于这一点大家不必过于担心。

耳朵上的穴位

接下来说明一下如何通过按摩耳朵上的穴位来促进视力恢复。

1. 用中指和拇指稍微用力按压耳部穴位3秒。

2. 然后用拇指和食指揉捏耳垂和整个耳朵。

耳朵的周围分布着很多能够影响全身健康的穴位。按摩这些穴位，可以调整内脏的功能，促使紊乱的自主神经恢复正常。

平常我们很少触碰耳朵，通过按摩、按压、拉扯，或是将手指插入耳洞进行前后指压等方法，可以帮助我们保持眼睛和耳朵的健康。

耳部主要穴位

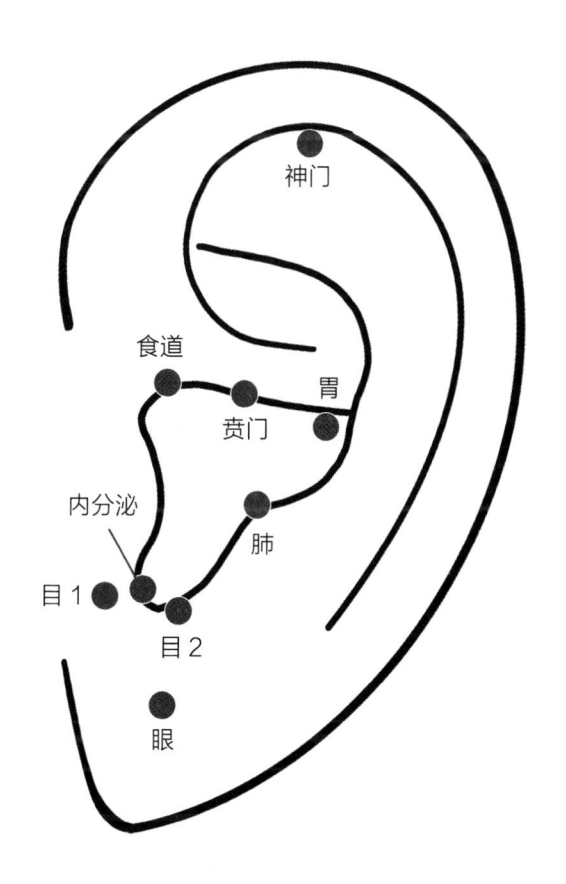

训练法⑤——呼吸法

呼吸是极其自然的人体活动，自然到所有人都认为"自然而然就能够做到"。然而，实际上除了运动员以外，很少有人能够做到充分地呼吸。

呼吸是人体直接摄入氧气的唯一方式。

希望大家每天都能有意识地多尝试几次"今野式呼吸法"。这种呼吸法可以促使肺部扩张，帮助我们进行深呼吸，从而吸入充足的氧气。

呼吸的基本方法是通过鼻子吸气，然后通过嘴呼出。如果直接用嘴吸气，就会将空气中的灰尘和细菌也一同吸入肺部，所以一定要用鼻子吸气。

进行深呼吸时，关键的一点是要先将肺中的空气全部呼出。

很多人在深呼吸时倾向于先用力地深吸气，但这样深呼吸的顺序是错误的，正确的做法应该是先将体内的空气呼出，然后再吸气。一旦将体内的空气完全呼出，身体自然就会吸入空气，因此首先要彻底呼气，并且要尽量保持肺向两肋和背部方向扩张，以便能够充分地吸气。

深呼吸时还有一个关键点是呼气时间要保持在 6 秒以上。这是因为构成肌肉纤维的丝状蛋白质的作用只能持续 5 秒。当施加负荷超过 5 秒时，丝状蛋白质就会增加数量来增强承受力。这种情况如果持续下去，肌肉纤维就会变粗，从而可以更有效地锻炼肌肉。

呼吸肌锻炼得越好，越能进行更深、更稳定的呼吸，从而能够吸入更充足的氧气。此外，经常进行深呼吸还可以激活副交感神经，使之变得更加活跃，有助于缓解眼肌的紧张状态。

正如我在前文所强调的，呼吸不仅是人类最重要的能量代谢过程，也是维持健康的关键。为了维持健康，摄取足够的氧气是至关重要的一环。如果能够进行正确的呼吸，体内循环的氧气量就会增加，这也会显著提升通过拍打、揉抖、穴位按压等训练取得的效果。

训练法⑥——确认法

确认法实际上是一种针对大脑的训练方法，目的是让大脑确信"我可以看见"。

正如前文所述，不仅眼睛能看，大脑也能"看"。

当眼睛看不清时，如果你持有"反正也看不清"的消极态度，就会影响大脑，使大脑逐渐持有同样的消极态度。如果总是依赖眼镜，大脑就会变得更加懒惰。

此时，就可以使用确认法，从最近的可见距离开始，逐渐增加可见距离，让大脑逐渐适应，最终能够看到更远的物体。

练习确认法时，要在裸眼状态下进行，目的是向大脑传达这一信息：即使不戴框架眼镜或隐形眼镜也能看得见。具体的练习方法如下：

1.首先选择一个目标，比如日历上的数字或海报上的文字。

2.确认裸眼能够清晰看到目标物的位置，并站在那里。

3.然后后退3～5厘米，直到看不清楚目标。

此时大脑可能会产生疑问："明明刚刚还看得非常清楚，怎么现在却看不清了呢？"接着，大脑就会进行微调整，直到能够再次看清目标物。如果后退3厘米，完全看不清楚，那么后退1厘米也可以。关键点在于，从能够清晰看见的位置逐渐后退，从而激发大脑的潜能，促使大脑努力看清目标。

4.坚持每天后退1～5厘米的距离，促使大脑逐渐增加可见距离。

通过确认法的练习，可以促使大脑积极努力地去看清事物，使大脑更加灵活。这个练习还可以减轻大脑的压力，让练习者提高注意力，从而逐渐变得积极且有活力。

当大脑的活动变得越来越顺畅时，它就会分泌更多的神经传递物质，反之则会减少。而如果神经传递物质减少，就会导致自主神经失调，身体也会随之出现一些状况。

锻炼大脑还有助于促进血液循环，同时也能保证我们在工作中准确地处理大量信息。

训练法⑦——冥想法（脑疗法）

如今，电脑、智能手机等设备中都充斥着大量的信息，人们每天都在单方面地接收这些信息，这让大脑感到疲惫不堪。

练习冥想就是为了消除大脑的紧张和疲劳，激发大脑"想看清"的意愿，增强它"能够看见"的信心。

听起来，"冥想"似乎有些复杂，但实际上它是为了让大脑休息而进行的一种活动。只需闭上眼睛，回忆或想象一些让自己感到幸福、愉快的场景即可。

无论是回忆曾经看过的伊豆半岛的海边美景，还是想象攀登喜马拉雅山时看到的清新景象，都是让人感到幸福、愉快的。曾经欣赏过的美丽风景，孩童时的玩耍情景，或是想象中的风景都可以作为冥想的内容。重要的是，这些场景能让你沉浸在快乐的情绪中。另外，冥想没有时间限制，可以是1分钟，空闲时5分钟也可以。通过冥想法来放松心情，就能轻松地沉浸在想象的世界中。

冥想后检测视力，就会发现视力有所提升。虽然只是暂时的提升，但只要坚持练习，视力就可以得到显著的改善。如果能够轻松地回忆起快乐的事情，就可以进一步尝试回想童年时期看到的风景或场景，也可以回忆在视力较好的时期，也就是还未戴框架眼镜或隐形眼镜时能够看到的风景。这种回想可以唤醒"沉睡"在大脑中的"能够清晰看见"时的记忆，从而很好地引导你逐渐看清楚眼前的事物。冥想也不限制次数。一天中，如果你因对着电脑工作而感觉眼睛疲劳，不妨闭上眼睛开始冥想之旅吧！

第 4 章

深呼吸和跳跃运动
有助于改善视力

能改善视力且无副作用的 "今野式视力恢复训练法"

在这一章,我将向大家介绍一些良好的日常生活习惯和锻炼方法,这些习惯和方法不仅可以巩固和提升"今野式视力恢复训练法"的效果,还能从全身角度来维护眼睛的健康。

我开创的视力恢复训练法和其他保健方法,都旨在最大限度地增强人体的自然治愈力。因此,如果我们能坚持练习,不仅视力会变得更好,整个人也会变得更有活力。

有很多患者最初只是为了治疗眼睛而来到我的诊所就诊,但是在治疗的过程中却意外地发现有些一直困扰着他们的其他症状也得到了缓解和改善。这是因为我的诊所一直都坚持从全身角度对眼病进行综合治疗。

实际上，治疗眼睛也等同于治疗整个身体。

很多前来就诊的患者除了受到眼病的困扰之外，身体还有一些其他问题或疾病，比如肩膀酸痛、头痛、食欲不振、失眠、肥胖、皮肤没有光泽、视线不佳、抑郁症、腰痛、腹泻、月经不调、听力下降、眩晕、耳鸣、异位性皮炎、花粉症、睡眠呼吸暂停综合征、高血压、糖尿病、心脏病等。经过一段时间的治疗后，在解决了眼睛问题的同时，身体的其他症状也有所改善。

本书中介绍的训练和保健方法的练习次数，可以根据个人情况自行决定，如果时间允许，尽量多练习几次。大家可以放心，这些训练无论做多少次也不会有副作用或反作用。

每天只要我们未进入睡眠状态，眼睛就要不停地工作。因此，当感到眼睛疲劳或是要休息放松时，都可以轻松地尝试这些练习。

我想要反复强调的关键点是，一定要长期地坚持下去。最理想的做法就是能够像每天早起洗漱、睡前洗澡一样，将这些练习方法自然而然地融入日常生活中。

每天只要时间允许，我自己也会拍打、按摩、揉捏和按压眼部。坐电车的时候，我也会做这些有助于改善视力的练习。

深呼吸和跳跃运动都有助于改善视力

我特别希望大家可以坚持深呼吸和跳跃运动。

关于深呼吸，可以按照前文介绍的"视力恢复训练"中的呼吸法来练习，也可以参照本章将要介绍给大家的"饮料瓶呼吸法"来进行练习。

人的自然呼吸频率为每分钟 15～18 次，当我们进入睡眠状态时，呼吸次数就会减少到原来的三分之二到四分之三。由此可以大致统计出我们每天的呼吸次数为 2 万～2.5 万次。在这大约 2 万次的呼吸中，即使只是进行 50 次深呼吸，也可以明显改善我们的身体状况。同时，这也反映出现代人的呼吸有多么不充分。

除了深呼吸之外，我还强烈推荐大家坚持进行跳跃运动，并养成习惯。因为在所有的运动中，只有跳跃运动能够从外部刺激内脏，并可以有效锻炼大腿和心肺功能。而且跳跃运动不受时空场地的限制，可以随时随地轻松地进行。就我个人而言，如果长时间不做跳跃运动，就会感觉身体状况变差，不太舒服。有时候没赶上电车，我反倒会觉得这也是一种"小幸运"，因为这样我就可以利用等下一班车的 3 分钟进行深呼吸和跳跃运动了。另外，在对患者进行治疗的间隙，或是会议休息去卫生间的时候，我都会找一点时间偷偷做几个跳跃运动。

"我必须锻炼！"

"我必须运动！"

然而，我们如果有以上想法，把这些锻炼当作"必须要完成的任务"，就会觉得这是一种负担。为了避免出现这样的情况，建议大家可以在空闲时间轻松愉快地去尝试这些练习。

除了呼吸和跳跃运动之外，还可以从日常生活中的一些习惯和力所能及的小事开始有意识地调整，比如，改善饮食习惯、进行腹部按摩、保持良好的坐姿以及眼部肌肉训练等。这些都有助于改善视力，同时还可以增强体质。

肝脏会影响眼睛的健康

本书介绍的"今野式视力恢复训练法"是以中医的相关理论为基础的（当然也融入了西医的精华，健康本身是不分东西方的）。

中医是中国传统医学的简称，同时还有一层含义是中庸之道的医学——重视平衡与和谐的医学。因此，按照中医的理论，当眼睛出现问题时，不应仅仅针对眼睛进行治疗，而应通过调理全身来达到治疗眼睛的目的。

中医认为，肝脏的状态对眼睛有很大程度的影响。肝脏是净化血液，为人体提供营养的器官。当肝脏功能受到损害时，血管遍布的眼睛自然也会受到很大的负面影响。

当身体的某个部位出现症状时,如果只是对该部位进行治疗,而不从整体和根本上消除病因,那么这些症状就会反复出现,甚至进一步恶化。

人体并非依靠各个器官独立工作来维持生命运转,而是要依靠流经全身的血液、遍布于体内的神经,以及组成身体的肌肉等,各个器官之间相辅相成,共同协作。

本章将要介绍的内脏按摩法、呼吸法和跳跃运动等练习方法,虽然初看似乎都与眼睛没有什么直接关系,但事实并非如此。

即便通过激光手术改变了眼睛的屈光度,如果不从身体内部着手调整和改善身体状态的话,最终视力还是会退回到手术前的水平。眼睛是非常重要的器官,为了让眼睛始终都能保持健康良好的状态,就需要我们在呵护眼睛的同时,注重维持身体其他部位的健康。

零成本锻炼呼吸能力——"饮料瓶呼吸法"

这种方法在介绍"7种视力恢复训练法"之一的深呼吸法时已有介绍。呼吸是人体摄取氧气的基本途径。

接下来将为大家推荐锻炼呼吸能力的绝佳方法。该练习方法不需要花钱，能够锻炼膈膜等呼吸肌肉，并有助于身体摄入足够的氧气。你只需要准备一个市面上常见的500毫升容量的塑料瓶即可，然后用锥子等工具在塑料瓶底部开3个直径约为1.5～2毫米的小孔。塑料瓶的形状不限，方形或圆形都可以。

准备就绪后，将瓶口含在嘴里，同时用鼻子深深地吸气，之后将气体从口中呼出，并且呼气的时间不少于6秒。当空气从瓶底的小孔排出时会产生适度的阻力，这有助于锻炼心肺功能。

每天坚持练习 50 次是比较理想的频率，但几乎没有人刚开始练习时就可以做到 50 次。所以刚开始可以每天练习 10 次，再逐渐增加次数。等到能够轻松完成 50 次后，尝试用手指堵住瓶底的 1 个小孔，让空气只从其他 2 个小孔排出。在完全适应使用 2 个孔呼气后，尝试将呼气时间延长到 10 秒以上。

饮料瓶呼吸法

在饮料瓶的底部开 3 个直径为 1.5～2 毫米的小孔，然后用它来练习呼吸。

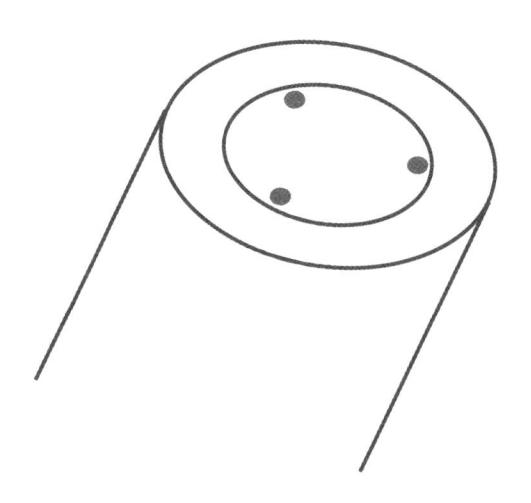

跳跃运动有助于改善视力

当肠胃变得僵硬或蠕动得不太充分时,自主神经的平衡就会被打破。而紊乱的自主神经会引起血液循环障碍,导致眼睛和全身都陷入缺氧的状态。

在之前的章节中曾做过说明,导致人体缺氧的一个主要原因就是肠胃的硬化。此外,维持眼睛功能的眼肌和睫状肌等眼睛周围的肌肉都与自主神经密切相关。因此,缓解肠胃硬化、提高肠胃功能,并调节自主神经的平衡,对于维持眼睛和全身健康都能起到极其重要的作用。要实现这一目标,最有效的办法就是做跳跃运动。

做跳跃运动可以促使肠胃晃动,从而提高肠胃蠕动的频率,缓解肠胃的硬化。同时,它还能刺激到脚骨,激活自主神经。500次跳跃的运动量等同于一场橄榄球比赛的运动量，因此自然会促进身体的血液循环。此外，跳跃还能锻炼大腿。大腿如同身体的传感器，能够保证心脏的平稳跳动，锻炼大腿有助于提升心肺功能。这意味着锻炼大腿可以帮助身体更有效地摄入足够的氧气。

跳跃时并不需要跳得很高，只需让脚离地面几厘米即可。

跳跃是非常方便的运动，不需要去健身房，也不需要刻意留出时间进行锻炼，只需在午休或其他空闲时间就可以轻松做到。跳跃运动的目标是每天500次。大家可以根据自身的身体情况，每次练习50次做10组，或者每次练习100次做5组。只不过，跳跃运动无疑会给膝盖带来一定的负担，如果膝关节的状态不太好，也可以尝试抬腿或者深蹲动作，这样的话运动目标就可以调整为每天100次左右。

想要提高自主神经的功能，就要让内脏出汗

作为动物，人类天生具有活动的能力。人体的各项功能必须通过运动来维持。通过运动，可以使体内的血液和食物营养得到良好的循环。在维持人体各项功能运转的系统中，自主神经起着极其重要的作用。只不过自主神经本质上是在"无意识"地维持身体的各项功能，所以很难"有意识"地调整自己的平衡。但可以通过一些外部刺激的方法来激活自主神经，促使其更好地发挥功能。其中最有效的方法就是通过跳跃活动促使内脏活动，让内脏出汗。

让内脏出汗究竟是什么意思呢？打个比方，比如炖土豆时，炖上5~10分钟的话，土豆还不够软，只有继续炖上20~30分钟后，土豆才会彻底变软，呈现土豆泥的状

态。也就是说，持续而深入的慢炖是非常重要的环节。

从炖土豆这一具体事例可知，如果想要通过活动内脏来达到激活自主神经系统功能的目的，就必须先让内脏得到充分的运动。

"我每天都散步。"

"我常常做伸展运动。"

尽管有些人会坚持锻炼身体，但如果观察分析一下他们的运动情况，就会发现，实际上他们身体的很多部位，包括内脏在内，都没有得到很好的锻炼。这是因为散步只是身体向前移动，并且身体是依靠惯性自然地前进，所以往往只能让小部分脚部肌肉活动。而如果不进行上下运动，就无法促使内脏出汗。

跳跃运动带来的身体负荷较小，并且短时间内就可以有效地促使内脏出汗。跑步的效果也不错，但并不推荐利用健身房的跑步机锻炼，因为比较平坦，还是要选择有坡度的地方。比如，在起伏的山路上走步就是很好的锻炼，能够上下拉伸身体，增强内脏功能。并且优美的自然风景还可以让平时过度疲劳的眼睛得到休息,因此我非常推荐。此外,嘻哈舞、霹雳舞、爵士舞等舞蹈也都是非常好的锻炼方式。

良好的姿势有助于改善视力

除了内脏硬化，导致身体缺氧的另一个原因就是不良的姿势。

如果能够保持正确的姿势，呼吸道就会顺畅，每次呼吸可以吸入450～500毫升的空气。然而，如果姿势不良，比如身体长时间保持前倾姿势看电脑，每次呼吸就只能吸入大约100毫升的空气。值得注意的是，如果是处于完全无法呼吸的状态，身体会感到非常痛苦，由此我们可以意识到自己正处于危及生命的境地。但是由于姿势不良而导致氧气摄入不足时，我们却并不会感到呼吸困难，自然也就意识不到对身体造成的危害。然而实际上，身体的各个器官可能已经因为供氧不足而在不知不觉中遭受了健康损害。

如果每天长达 8 小时以上并且持续数周甚至数月处于缺氧的状态，大脑就会将有限的氧气优先供给关乎生命的心脏、肺等重要器官，而减少对其他器官的供应。因此，这种情况下首先受到最严重影响的就是周围布满血管的眼睛。

此外，如果坐着时背部弯曲，身体内的膈膜就会压迫内脏，这就如同坐在自己的腹部上面。久而久之，内脏的功能就会减弱，从而阻碍身体的血液循环。当内脏的功能衰弱时，自主神经就必然会麻痹。此时，即使吸入的氧气急剧减少，身体也不会感受到呼吸困难等不适。

小学生当中也有一些姿势不良的孩子。玩游戏是原因之一，也有很多孩子是因为觉得自己个子太高、太显眼而感到尴尬，从而故意驼背，以至于身体无法吸入足够的氧气，最终引起视力障碍。对于这样的孩子，我会鼓励他们"想象自己是一名模特，自信地大步向前走"。良好的姿势不仅可以改善视力，还可以促进大脑的发育，有益于身体健康。

按摩腹部有助于改善视力

除了跳跃运动之外，腹部按摩也是一种可以通过外部刺激来缓解肠胃硬化的方法。腹部按摩不仅可以缓解肠胃的硬化，同时可以提高整个内脏的功能，促进全身血液循环，从而使身体能够获得更加充足的氧气。

胃肠硬化会导致人体无法进行深呼吸，甚至在睡眠时出现呼吸暂停的情况，即患上"睡眠呼吸暂停综合征"。实际上，许多人在触摸自己的腹部时感觉有些硬邦邦的，就误以为是腹肌，而这些人大多都患有"睡眠呼吸暂停综合征"。

另外，如果在进行腹部按摩的过程中感觉疼痛的话，就说明内脏已经处于非常疲劳的状态了。因此应该坚持按摩，以此来使胃肠得到放松。

进行腹部按摩的同时还要呼气，具体的方法是：以肚脐为中心，在约 10 厘米的范围内，从肚脐右侧腹部开始，用双手指尖按顺时针方向按压腹部。每处要按压 3 秒，一共按摩 3 圈。

腹部按摩没有严格的次数规定，可以根据自身的情况决定。但是请避开饭后等肠胃活动较为频繁的时间，最好是在饭前或睡前进行按摩。

如果是在入睡前或起床后在床上进行腹部按摩的话，可以顺便将双腿并拢抱在胸前，并保持这个姿势约 30 秒。这个姿势有助于提升下垂的内脏，从而恢复其功能。

可以锻炼眼肌的"眼部俯卧撑"

支撑眼睛活动的眼肌，一天的活动量高达10万次以上。试想一下，每天走上1万步都不是一件容易的事，约为走路10倍运动量的眼肌活动就更为困难了。如果我们并没有长距离散步的习惯，偶尔走一段很长的路，双腿的肌肉就一定会因疲劳而感到酸痛。然而，眼睛却从不休息，日复一日地进行如此大量的活动，眼肌的疲劳状态可想而知。为了缓解眼肌的疲劳，使其能够保持良好的状态，推荐大家尝试一种方法，那就是"眼部俯卧撑"。

泡澡时进行"眼部俯卧撑"能够获得最佳效果，具体的方法是：

1.将用热水浸湿的毛巾对折成四折。

2.闭上眼睛，然后将折叠好的毛巾敷在眼睛上，并努力向上看6秒。

浸有热水的毛巾可以促进眼部的血液循环，同时还能起到"哑铃"的作用，可以锻炼支撑眼睛活动的6块眼肌。

3.接下来，依次向右、向下、向左看6秒。

如此重复5次即可。

做完"眼部俯卧撑"之后，很快就能够感觉到视野开阔起来了，眼睛的张合也更加有力量了。如果能够持续练习两周，就可以感受到眼睛不再容易疲劳，整体状态有所改善。

做这个练习时，湿毛巾可以起到类似哑铃的作用，能让练习获得更好的效果，但没有湿毛巾也没关系。

长时间使用电脑工作感到眼睛干涩，或是看完电影后感到视线闪烁，都可以尝试这个方法。因为它可以促进眼底的血液循环，迅速缓解眼睛疲劳。

眼肌是保证眼睛能够一直正常发挥功能的重要部位，所以即使视力良好，也应该经常进行这个练习。

只在必要时才戴隐形眼镜

如今,很多人平常都会佩戴隐形眼镜。但建议大家尽可能只在确有需要时佩戴,比如重要的约会或一些活动。

眼睛可以通过血液循环来获取"营养"(氧气),也可以通过呼吸来获取氧气。可佩戴隐形眼镜就等同于阻碍了眼睛的呼吸。而且无论透气性多么好的隐形眼镜,都无法与眼睛的自然呼吸相提并论。因此,为了保持眼睛的健康,除非必要,应尽量避免佩戴隐形眼镜,尤其是要避免全天佩戴。

在女高中生中流行的彩色隐形眼镜,对眼睛健康更加没有好处。因为通常这种隐形眼镜并没有矫正视力的效果,仅仅是看起来时尚。佩戴这种隐形眼镜无异于亲手伤害自己的眼睛，所以我希望这种流行趋势能尽快结束。

接下来再谈谈普通的眼镜。有些人可能会长时间使用同一副眼镜，有时甚至长达 5 年或 10 年以上。这种情况也需要重新审视。为了眼睛的健康，应该佩戴与自己当前视力水平相匹配的眼镜。因此一副眼镜的最长使用时间不应超过两年，要及时更换眼镜。

如果能够积极地坚持实践"今野式视力恢复训练法"，应该每隔数月就检查一次视力，然后根据视力水平的变化来配制新的眼镜。如果能在具体数据方面看到视力的变化，人们就会更有动力，更加积极地坚持锻炼。

爱上胡萝卜

很多正值盛年的人常常将工作繁忙作为自己饮食不规律、不健康的借口。特别是那些单身男性，很多人不吃早餐，中午随便吃个快餐，而晚上只喝啤酒。

然而，身体要依靠摄取食物来维持正常运转。如果没有良好的饮食习惯，无论多么努力地练习"今野式视力恢复训练法"、多么拼命地锻炼眼肌，效果都会大打折扣。

当人体缺乏营养时，肝脏就会消耗自身的组织来补充身体所需。通常"衰老"并不是随着年龄增长就必然会发生的现象，而是因为身体从自身器官中提取营养，"自食其身"，即消耗自身器官，从而导致身体逐渐变得衰弱。

其实让身体摄取充足的营养并不需要特别复杂的方法，

只需保证饮食中包含三大营养物质：碳水化合物、脂肪、蛋白质，再适当食用蔬菜和水果即可。

有些人一听说某些食物对身体有益就会立即行动，甚至在一段时期内只吃这些食物。但饮食的关键在于保证均衡，不能偏食。因此，在日常饮食中，应尽可能均衡地摄取肉类、鱼类、米饭、面包、高质量的食用油以及蔬菜和水果等。

早餐时喝上一碗配料丰富的味噌汤也是不错的选择。如果平时没有吃水果的习惯，可以试着将橘子或苹果等作为零食食用。总之，我们可以从力所能及的小事开始逐步改善饮食习惯，加强营养的摄入。

对眼睛有益的代表性食物是胡萝卜。胡萝卜含有丰富的 β-胡萝卜素，非常适合与食用油搭配食用。因此，我经常用芝麻油炒胡萝卜。在中医中，胡萝卜也常作为食疗的食材被广泛使用。

新鲜蔬菜中含有丰富的酵素，这些酵素会参与生命活动中的全部生化反应，因此建议多吃新鲜蔬菜。而且如果能够按照绿色、红色、黄色等多种颜色的蔬菜搭配食用，那么除了酵素外，还可以摄取到维生素和植物化学物质等多种营养成分。

深度睡眠有助于改善视力

清醒的时间越长，眼睛承受的负担和压力就越大，同时只要眼睛一直是睁开的状态，大脑就必然在工作。而此时，若视力又处于模糊的状态，就会加重大脑的压力，导致自主神经的平衡被打乱。

此外，人类生活方式原本遵循自然的昼夜节律：白天活动，夜晚休息。但这一传统的作息模式却因为人造光源的出现而被完全打破了。夜间，人体的副交感神经会变得活跃，而熬夜会使本应在夜晚变得活跃的副交感神经受到抑制，使本应处于安静状态的交感神经变得过度活跃，从而导致自主神经失衡。正如前文曾多次提到的，自主神经失衡会严重影响眼睛的健康。

为了眼睛的健康，在保证充足睡眠的同时，还要尽量早睡，不要熬夜。早睡有助于促进人体生长激素的分泌。即使在成年后，生长激素对于修复身体和提高身体功能仍然是必不可少的物质。生长激素只有在人深度睡眠时才会分泌。可一旦过了凌晨3点，无论睡得多么沉，都无法分泌出生长激素了。理想的状态是晚上10~11点入睡，早上5~6点起床。如果因为工作或家务繁忙，很难执行这样的作息时间，也应该尽量确保在晚上12点前睡觉。

调整生活习惯的方法

最后要强调的一点是，重新审视和调整自己的生活习惯是非常重要的。可以在休息日将自己一天或一周内日常生活的具体情况写在纸上，然后逐一检查确认，并进行合理调整。比如，记录饮食的营养均衡情况、饭量、饮食次数、运动量和频率、睡眠时间、眼睛的过度使用程度以及给眼睛造成的压力情况等。

同时，还要详细记录身体状况，如爬楼梯时是否感到异常疲惫、呼吸的深浅、大小便的状况、眼睛的疲劳程度、肩膀的僵硬程度、头痛的状况、是否起床困难、是否有咳嗽或鼻塞等症状、听力是否下降以至于需要调高电视音量、牙龈是否肿痛、喉咙异物感、腿部疼痛和寒凉感等，将能想到的症状写下来制成表格，并进行简单的检查。

预防是维持身体健康的最佳方法。

"我们要守护好自己的身体。"

第 5 章

视力改善，人生随之愈加美好

视力改善有助于大脑发育

"看"这一行为是由眼睛和大脑共同完成的。其具体过程是:眼睛捕捉到的外界信息首先通过视神经传送给大脑,在大脑中这些信息再被映射成图像,最终形成我们所看到的视觉图像。

当视力下降时,就看不清物体,通过视觉传递到大脑的刺激就会减少。视觉是我们获取外界信息的重要途径,包括颜色、形状、大小、状态、位置、远近等。大脑会将这些信息与"物体"相关联,来加深对外界事物的认知力和理解力。如果视力良好,即获取的信息清晰明确,大脑就可以受到充分的刺激,也就能更好地发育。在儿童成长期间,这种倾向更加明显,尤其是3～10岁这段儿童成长的关键期，因此一定要重视对儿童视力的保护。而一般到了 10 岁，儿童的大脑发育状况基本上已经与成年人相同了。

在美国很早就有人提出，视力的好坏并不只取决于眼睛的机能，还取决于眼睛和大脑的共同作用。从 20 世纪 90 年代开始，美国的研究显示，那些因视力问题而在学习方面表现不佳的孩子，在视力得到改善后，成绩就会开始显著提高。还有大量研究结果表明，视力障碍会阻碍儿童大脑的发育。很多学者指出，视觉刺激能够促进大脑成长，因此建议尽早改善儿童的视力。在韩国等一些重视高学历的国家，人们会寻找世界各地的名医，尽一切努力改善孩子的视力。其实，也经常有这样重视教育的家庭来到我的诊所。

对成年人来说，如果视力得到改善，同样会增强对大脑的刺激。虽然不如孩子那么明显，但无论多大年龄，大脑其实一直都在发育。据说，视力好的人几乎不会痴呆。当成年人的视力恢复后，大脑就会变得活跃，人也会有很多变化。比如，很多人做事情更有动力了，产生了各种兴趣，注意力更加集中，记忆力也增强了，也因此通过了某项资格考试。

视力改善有助于提高运动能力

我们在谈及一个人的视力好坏时,倾向于根据视力测定表上的"1.0、0.8"等数据来做出评价。

但是,"看"这一动作行为是由眼睛和大脑共同完成的。即信息通过眼睛传达给大脑,然后经过大脑的观察和处理后,会形成各种指令,人体再依据这些指令进行各种活动。

进行运动时,人需要的不仅仅是能看清远处的"静态视力",还需要具备"动态视力、深度视力"。

在体育运动中,视力是非常重要的能力之一。因为大脑也在参与"看"这一动作行为,所以通过对视力进行一些训练,能够提升运动员的瞬间判断力、集中力、爆发力。

很多运动员为了提高注意力，会在比赛前来我的诊所接受视力提升训练，其中有网球、足球、射箭、棒球运动员，也有赛马选手。

挑战飞行员考试的患者

常有一些想要成为警察、空乘人员、飞行员的人来到我的诊所咨询。这些职业都对从业者的视力要求非常严格,因此,他们面临的首要挑战便是通过视力测试。

其中,令我印象最为深刻的是一位从中学时就梦想成为飞行员的人。他第一次来到诊所是在参加飞行员考试的前半年。以当时的视力水平,他是无法通过考试的。因为不甘心就这样放弃梦想,在查阅了许多医院的资料后,他辗转来到了我的诊所。经过一段时间的治疗,他虽然视力已经符合要求了,却还是在面试中被淘汰,很遗憾未能通过考试。现在的他在一家 IT 行业的上市公司努力地工作。当看到他坦然地笑着说"我已经尽力了,没有遗憾了"时,我相信这位具有挑战精神的年轻人在未来的工作中一定会大有前途!

我不希望任何人仅仅因为视力不好就放弃人生和梦想!

视力恢复训练的美容效果

很多女性在实践了"今野式视力恢复训练法"后,意外发现自己变得更漂亮了。

之所以能够获得这样的美容效果,是因为通过视力恢复训练,眼睛获得了充足的营养,身体的各个器官开始发挥作用,随之眼睛也逐渐充满活力,视野也变得更加开阔。

视力恢复训练改善了眼部周围的血液循环,从而淡化了眼部的细小皱纹,缓解了黑眼圈和眼睛浮肿等问题。此外,因供给全身的氧气较为充足,肌肤就会变得光滑,化妆品也可以起到更好的效果。

虽然我是男性，而且也上了年纪，但还是经常有人夸赞我的皮肤看起来光滑细腻。有位患者在我的诊所接受治疗数月后，她的女儿问她："妈妈，您最近皮肤状态特别好，是去了哪家美容院呢？"

还有一位女性在坚持练习了一段时间的饮料瓶呼吸法后，发现体重有所下降。她高兴地说，这个训练法的减肥效果比她之前进行的游泳运动要好得多。

训练法具有减肥效果，是因为通过训练，呼吸道变得更强健，肠道也得到了锻炼，新陈代谢功能逐渐恢复正常，缓解了便秘，使堆积在体内的废物被顺利排出，这样体重自然就减轻了。

还有患者通过坚持进行手臂和腿部的拍打练习，极大地改善了肢体发冷的症状。中医认为，身体内部得到清洁后，其效果会反映在人的外表上，理所当然"变得美丽即是变得健康"。

视力改善有助于身体健康

"今野式视力恢复训练法"令人惊喜的不仅仅是良好的美容效果。

有一位40多岁的男性患者,以前总是容易疲劳,加班后就会觉得全身乏力,即使周末休息也不想去任何地方。可是,在经过一段时间的深呼吸训练之后,不知不觉中,他的体力逐渐恢复了。他反馈说,现在上下班的时候不再依赖电梯,而是能够轻松地跑上楼梯了。

还有一位在知名上市公司工作的45岁男性,他的视力曾不断下降,最后降到了0.01,几乎看不清东西,也无法正常书写。因为一直担心公司发现自己的视力状况后可能会解雇自己,结果焦虑到患上了抑郁症,人也变得十分消沉。但是，在经过治疗后，他的视力状况得到改善，人变得积极开朗起来，抑郁症也得到了明显缓解，与之前完全判若两人。同事们都好奇地问他："怎么回事，你和过去不一样了，是发生了什么好事吗？"

另一位即将结婚的39岁女性，她一直期盼在婚礼上能够摘掉眼镜。为了梦想成真，她拼命地坚持练习"今野式视力恢复训练法"。后来，我收到了她寄来的婚礼照片，她如愿摘掉了眼镜，脸上满是幸福。

此外，还有众多患者在视力改善后，白发减少，脱发和秃顶现象也得到了很大改善。

身体各个器官的正常运转需要足够的氧气，缺氧会给各个器官带来负担，导致身体出现各种病症。

因此，只要能够摄取足以支撑身体各项功能正常运行的氧气，疾病就会远离我们。

来到我们诊所就诊的很多患者，除了眼睛的症状之外，还有很多困扰他们的其他症状，比如，感觉腰部很沉重、肩胛骨后侧疼痛、头痛、颈部和肩部僵硬、痛经、胃肠不适、髋关节疼痛、膝盖疼痛、失眠等。当然，我们也会在治疗眼睛的同时，帮助他们缓解以上症状。正如我多次强调的，治疗眼睛实际上就是治疗整个身体。

由我培训的视力恢复训练师，他们在工作中不仅要关注患者的眼睛症状，还要全面了解患者的身体健康状况。

要获得专业的视力恢复训练师资格，自然要通过严格的考查，但这是任何人都可以通过努力做到的。关键是要了解健康的本质，掌握人体的生理结构，并将这些知识应用于治疗中。

后记

请珍惜陪伴我们一生的眼睛

我经常对患者说:"我们一起努力让健康的眼睛保持100年吧!"

我们总是过分依赖身体自身的调整来保持好的状态,而且总是做一些干扰身体自我调节功能的事情,所以我们要重新审视并改变这种不良的生活方式。

如果我们小心爱护,衣服和汽车等物品就会持久耐用。同样,只要细心呵护,身体自然也会保持长久的健康。

人的一生都需要眼睛,而且眼睛并不能每隔10年、20年就更换。虽然牙齿可以更换,但眼睛却不可以。

眼睛可以看到时钟上时针的转动，同时可以感受时间的流逝。当看到日出时，我们可以感受到清晨的到来；看到日落时，我们可以感受到一天的结束；看到可爱的孩子们时，我们的脸上会洋溢出幸福的笑容；看到泪水时，我们会感动或是反思；看到笑容时，我们会感到喜悦；看到父亲脸上的皱纹和母亲头上的白发时，我们会感叹岁月的无情。我们通过眼睛来感受时间，并将看到的一切都作为记忆铭刻在大脑中。

有时，仅仅是随意地看了一眼，我们的脑海里说不定就会闪现出灵感。我就是在看到发热针灸治疗仪的那一刻受到了启发，从而开创出"今野式视力恢复训练法"。

患者在看到墙上时钟的那一瞬间，有了恢复视力的希望。我们可能在看到某个人的一瞬间，就认定这个人将成为自己一生的伴侣；或是在看到某些场景的瞬间，就想出了商品或歌曲的创意。只要眼睛能够清晰地看见，就可以改变人生，梦想和希望亦由此而生。

1分钟内我们可以做什么？会发生什么？

想找到这个问题的答案，不妨试着用手捏住鼻子，停止呼吸1分钟。在屏住呼吸的1分钟内，你会感受到60秒的漫长，也能够深刻理解每1秒的宝贵以及生命的重要性。所以，让我们利用宝贵的每1秒来爱护我们的眼睛，让我们一起创造能够持续100年的"视觉财富"吧！